二〇一一—二〇二〇年國家古籍整理出版規劃項目
國家古籍整理出版資助項目
安徽省文化强省建設專項資金項目
安徽省古籍整理出版基金會資助項目

桐舊集

三

方履中署

[清]徐璈◎輯録　楊懷志　江小角　吴曉國◎點校

北京师范大学出版集团
BEIJING NORMAL UNIVERSITY PUBLISHING GROUP
安徽大学出版社

本册點校　吳曉國

桐舊集

方守敦敬題

目録

卷十

王　槼　吴元甲
光進修　蘇求莊　同校

卷十一

王　檟　徐　裕
方傳理　蘇求敬　同校

齊

卷十二

徐寅 蘇惇元 吳元甲 徐韶 同校

卷十三

方聞　蘇惇元
徐焱　馬起益　同校

卷十四

方聞　蘇惇元
徐士秀　徐軒　同校

吳逢聖三十七首……三六一

吳鰲

卷十

王槱　吴元甲
光進修　蘇求莊　同校

錢如京六首

錢如京　字公溥，號桐溪，弘治壬戌進士，累官刑部尚書，有鍾慶堂集。方本庵遡訓：『錢鸞字應祥，子如京按河南，鸞寄詩云：「汴梁香帕久知名，莫買歸來悦我心。聞道漳河清徹底，好將一勺濯塵纓。」』潘蜀藻曰：『公起家邑令，歷督、撫、按，所在功績爛然。後告歸居桐溪，與弟姪輩觴詠自娱。卒贈太子少保，賜祭葬。』江南通誌：『巡撫保定等處，歲薦饑，悉心賑濟，請帑恤民，賴以全活。督兩廣軍務，所轄土官多相仇殺，疏請褫土官職，許立功自贖，軍賴以安。卒之夕，有星隕於城中云。』

夜歸

出郭快秋晴，金飈動林樾。留連村社飲，坐見西日没。鳴鑣醉歸來，東山吐新月。渡溪人語諠〔一〕，人市暝烟發。露氣濕荷衣，清光徹詩骨。弄影不成眠，長歌聲斷續。

校記：〔一〕『諠』，龍眠風雅作『鬧』。

招　鹤

野鹤自標格，飄飖不可群。盤空千里見，警夜九霄聞。刷羽凌滄海，歸巢夢白雲。本無籠絡意，丘壑任平分。

雨遊靈谷寺

雨歇禪林秋滿懷，碧天微日散烟霾。因過別院聽風竹，遂有山僧設〔一〕午齋。麋鹿潛蹤〔二〕依净土，琵琶留響應空階。從來性僻〔三〕躭孤往，勝事那能與俗偕？

校記：〔一〕『設』，龍眠風雅作『具』。〔二〕『潛蹤』，龍眠風雅作『成群』。〔三〕『性僻』，龍眠風雅作『僻性』。

送客

江干極目送歸航，千里烟波去渺茫。日暮倚雲看雁字，夜深談〔一〕劍吐龍光。漁村初歇黄蘆雨，野岸新添緑樹霜。愁説〔二〕故人成遠別，相思一夕〔三〕楚天長。

校記：〔一〕『談』，龍眠風雅作『彈』。〔二〕『説』，龍眠風雅作『殺』。〔三〕『夕』，龍眠風雅作『隔』。

送方西川外〔一〕弟之任桐鄉

潞河風静柳垂垂，送子維舟更賦詩。把酒忽驚千里别，感時還動百年思。霜臺青瑣名如昨，墨綬金章澤未涯。外祖省庵、舅氏邱庵，皆由諫垣出守郡。茂宰應知明主意，東南民物正瘡痍。

校記：〔一〕『外』，龍眠風雅作『表』。

雷生鯉繪贈卧龍武夷二圖〔一〕

雷，建安人，善書畫、工詩，遊皖造予桐溪書屋，繪二圖以贈。余時寓都下，及告歸日，始得展玩，清奇可愛，惜未見其人也。

雷焕風流亦可人，張騫蹤跡豈浮萍？如何雙劍藏秋水，獨有孤槎泛〔二〕客星。龍卧南陽留顧盼〔三〕，詩隨九曲入丹青。披圖列座閒題品，何日同遊醉醁醽〔四〕？

校記：〔一〕龍眠風雅詩題作建安雷生鯉善書畫且工詩嘗遊學吾皖過予桐谿書屋繪卧龍武夷二圖爲贈予時寓都下及歸休始得展玩清奇可愛惜未一見其人也漫爾有作用寫默懷。〔二〕「泛」，龍眠風雅作「帶」。〔三〕「留顧盼」，龍眠風雅作「堪想像」。〔四〕「何日」句龍眠風雅作「與汝何當泛緑醽」。

錢如畿五首

錢如畿 字公錫，號柳溪，貢生，官布政司都事，有柳溪集。省志：「嘗於王家渡建橋以濟行人，至今俗稱爲錢家橋。」

寓雞鳴山雷半窗有贈次答

一徑縈回竹樹隈，故人有意抱琴來。暖風細拂翻經案，宿雨初收施食臺。老我疏狂稽阮〔一〕興，憐君磊落馬卿〔二〕才。掀髯一笑同攜杖，舉目鍾山霽色開。

校記：〔一〕『稽阮』，龍眠風雅作『陶謝』。〔二〕『卿』，龍眠風雅作『班』。

𡿨山掃先隴

披雲掃葉上先丘〔一〕，清淚潺湲咽欲流。小草難忘春浩蕩，敝衣忍見線綢繆。自憐衰鬢〔二〕情何極，每聽〔三〕慈烏恨未休。寂歷〔四〕空山風雪暮，樹聲蕭颯思悠悠。

衰老之年，猶不自勝孺慕，足見孝悌之性。

校記：〔一〕『上先丘』，龍眠風雅作『拜荒丘』。〔二〕『鬢』，龍眠風雅作『白』。〔三〕『聽』，龍眠風雅作『見』。〔四〕『歷』，龍眠風雅作『寂』。

春盡　二首之一

柳壓長〔一〕堤花壓枝，青州從事日追隨。呼童旋掃雲間磴〔二〕，與客閒敲石上棋。

校記：〔一〕『長』，龍眠風雅作『閒』。〔二〕『磴』，龍眠風雅作『石』。

謝客

午窗清晝一聲雞，幽夢初回日未西。風掃落花庭院浄，柳絲深處囀黄鸝。

秋阜別墅〔一〕

古壑雲歸欲暮天，醉騎白馬過西川。孤村寂寞柴扉静，坐數風榆落幾錢。

校記：〔一〕『別墅』下，龍眠風雅有『鄰家邀飲醉歸』。

錢元善一首

錢元善 字仁夫〔一〕，號存庵，蔭生，官魯府長史，有存庵詩稿。明詩綜系傳：『刑部尚書如京子，以蔭官都督府經歷，遷魯府長史。』

校記：〔一〕『仁夫』二字底本缺，據錢氏宗譜補。

春日感懷次中立殿下韻 明詩綜選 御選明詩録

東風三月景依然，弱栁遊絲觸處牽。家遠隔年無信到，官閒鎮日枕書眠。林鳩逐婦晴應雨，沙燕將雛去復旋。遥憶故園春更好，江樓背郭看鋤田。

錢元鼎十三首

錢元鼎 字實夫，嘉靖時官鴻臚寺丞。方本庵邇訓：『錢實夫席富好施，少年有謦欬篤學者，輒賙其乏，終身不厭。』

江南夏

四月欲盡五月來，葵花榴花相映開。薰風夜夜催團扇，旭〔一〕日朝朝臨鏡臺。妝成自照青鸞舞，笑啟雕龍〔二〕教鸚鵡。細拈金鳳染春葱，巧簇絨絲裝艾虎。長日淹淹暑漸添，檀烟縈注水晶簾。欲〔三〕催白苧裁輕服，爲〔四〕怕香羅膩粉黏。

校記：〔一〕『旭』，龍眠風雅作『瑞』。〔二〕『龍』，龍眠風雅作『籠』。〔三〕『欲』，龍眠風雅作『忙』。〔四〕『爲』，龍眠風雅作『生』。

清明感興

去年寒食無炊烟，湖村阻雨竟日眠。⿵冂了山絪緼各〔一〕咫尺，白雲對面猶淒然。今年清明客江左，坐問鄰家乞薪火。遊興都因風雨慳，鄉心苦被嚴城鎖。城南春泥一尺深，家家愁損看花心。冶遊車馬不可出，陌頭壺榼難招尋〔二〕。道旁桃李誰爲主？淚溼紅粧驕不語。垂垂弱柳暗河橋，一似含顰向人舞。松楸遠近何時〔三〕栽？兒孫冒雨成行來。故山千里望不極，天涯遊子生悲哀。憶別金陵忽〔四〕十載，江山依舊人情改。幾度經過覓故知，洞口花深人不在。飛飛燕子識烏衣，泛泛沙鷗狎釣磯。關情惟此兩禽〔五〕鳥，無猜對語渾相依。屈指離家逾歲〔六〕月，身寄江南夢江北。傳聞親友幾凋零，落落晨星乍明滅。消愁近得平安書，草堂三徑今晏如。吾生且〔七〕自尋餘樂，逢人何〔八〕必長嗟吁。

校記：〔一〕『各』，龍眠風雅作『隔』。〔二〕此句下，龍眠風雅有『聚寶山前多古寺，棲雲樓閣寒陰陰。雨花高臺空突兀，萋萋芳草迷登臨。』〔三〕『時』，龍眠風雅作『人』。〔四〕『忽』，龍眠風雅作『驚』。〔五〕『禽』字底本缺，據龍眠風雅補。〔六〕『歲』，龍眠風雅作『五』。〔七〕『且』，龍眠風雅作『亦』。〔八〕『何』，龍眠風雅作『不』。詩末龍眠風雅有『嗟吁兮！人生擾擾將何爲？百年歡笑須及時。志願不吾遂，陰晴無定期。嘗聞斗酒百篇詩，媿我枯腸無一詞。探囊得錢恰三百，沽來痛飲當勿辭。呼童研取一斛墨，臨池縱筆揮烏絲。清狂聊爾足心賞，莫向時流惜未知。』

得吴山人書却寄

谷口鄭〔一〕居士，吴門梁伯鸞。家貧猶食力，歲晏不知寒。已愜案〔二〕眉願，還成鷯〔三〕膝歡。忘年君辱與，常好報平安。

校記：〔一〕『鄭』，龍眠風雅作『龐』。〔二〕『案』，龍眠風雅作『齊』。〔三〕『鷯』，龍眠風雅作『繞』。

秋日自上江歸

山堂經夏閉，江櫂及秋歸。野岸潮初落，沙村稻正肥。比隣欣〔一〕瀹茗，稚子候牽衣。坐弄黄昏月，清輝照紫薇。

校記：〔一〕『欣』，龍眠風雅作『歡』。

訪雲谿大師

避暑投龍藏，探雲過虎谿。松門生細籟，蘿磴足幽躋。山果迎風落，秋禽隔塢啼。惠休元愛客，茗椀數招攜。

吕亭小池

背市柴門寂，池開一鏡明。鳥飛清見影，花落静無聲。垂釣魚隨得，開樽客共傾。風塵自〔一〕道路，未〔二〕許到檐楹。

校記：〔一〕『自』，龍眠風雅作『满』。〔二〕『未』，龍眠風雅作『那』。

偶出

明詩綜選　御選明詩録

卧榻淹三伏，肩輿出早秋。青溪通小市，香稻满平疇。有約過鄰舍，忘機對水鷗。已成迂懶性，身外更何求？

别文光

百里遥相憶，連朝得共遊。東風花外騎，明月水西樓。不盡樵漁話，欣逢菜麥秋。忽聞城郭信，别思繞芳洲。

春懷

二〔一〕月鶯花已漸過，閉門鬱鬱奈春何？日烘細柳緑烟淡，風入小桃紅雨多。錦瑟漫懷聲裏怨，竹枝猶聽夢中歌。江南正是芳菲節，料得春衣試薄羅。

校記：〔一〕『二』，龍眠風雅作『三』。

旅懷

江花江草唤新愁，旅食京華已倦遊。社日雨晴喧燕雀，清明節近感松楸。吟邊寶瑟誰同調？物外仙〔一〕槎可自由？故國雲山好歸去，拂衣還爲故人留。

三、四有遠致，近似劉文房。

校記：〔一〕『仙』，龍眠風雅作『浮』。

渡　江〔一〕

大江秋水接天浮，虎踞關前解去舟。微雨片帆經浦口，輕風一日到和州。汀蒲岸柳青無賴，宿鷺饑鳶濕共愁。莫謂魚龍吹浪急，乾坤日夜自東流。

校記：〔一〕龍眠風雅詩題作渡江水漲如海勢。

家兄存庵過桐省墓〔一〕

五年未拜麒麟冢，千里遥分棠棣枝。迢遞每牽春草恨〔二〕，瞻依頻〔三〕賦白雲詩。奉常早歲仙班後，幕府風清吏隱時。一自長河新命下〔四〕，江東無限故鄉思。

校記：〔一〕龍眠風雅詩題作家兄左長史存庵公過桐省墓聚首旬餘漫賦留别。〔二〕『恨』，龍眠風雅作『夢』。〔三〕『頻』，龍眠風雅作『應』。〔四〕『下』，龍眠風雅作『後』。

遊茅山

洞口尋真處處通，瑤芝石髓思無窮。山中秀句推張两〔一〕，物外丹砂慕葛洪。澗水有聲消積雪，山桃無語〔二〕待春風。瓊樓鏡檻〔三〕題應遍，鶴背吹簫繞碧空。

三、四連用雅切。

遊浮山句：『空洞受風終夜冷，行雲將雨半山晴。』樓居句：『晴窗受月心常静，水檻含秋晝不如。』答吴山人句：『動地秋聲霜降後，滿天寒色雁來初。』抵破碙别業句：『百里風光雙眼白，一江南北萬山青。』

校記：〔一〕『两』，龍眠風雅作『雨』。〔二〕『山桃無語』，龍眠風雅作『洞桃含蕊』。〔三〕『鏡檻』，龍眠風雅作『玉宇』。

錢可久九首

錢可久 字思畏，號畏齋，如京孫，隆慶時諸生。方本庵邇訓：『錢思畏，大司馬如京孫，倜儻清妙，所交一時名流，詩才俊爽，字畫遒潤。嘗掉輕舟泛楚江，下金陵，訪西湖，留連嘯詠，結物外交焉。』按：邑志：『錢可久，著有四書要旨、禮記折衷。』

宿舒城

朝出桐城門，暮宿舒城陌。離家未百里，即是他鄉客。客思方摇摇〔一〕，客愁徒〔二〕脈脈。不見故山人，惆悵浮雲隔。

校記：〔一〕『方摇摇』，龍眠風雅作『難禁當』。〔二〕『客愁徒』，龍眠風雅作『愁心空』。此句下龍眠風雅有『舉酒問明月，清光如可惜』。

曉起登朝陽洞

石林瞻岩崿，山勢鬱崔嵬。客夢回仙界，塵緣破上台。霞明天路近，日出海門開。試問朝陽地，何時鳳鳥來？

再遊風洞宫

世俗吾將〔一〕厭，玄房喜〔二〕再過。野花看不盡，幽籟聽還多。醉曳青藜杖，狂吟白雪歌。眷兹山水趣，欲借魯陽戈。

校記：〔一〕「將」，龍眠風雅作「能」。〔二〕「喜」，龍眠風雅作「許」。

西郭趙園

逆旅經時久，芳郊載酒頻。常因看花處，憶得故園春。笋迸籬根出，萍浮水面新。灑然逢一笑，聊爾任吾真。

湖上與永思巨〔一〕卿同泛

落日湖中景，西風物外期。四山遥對酒，一水共題詩。社燕秋歸盡，征鴻晚度遲。櫂歌行處好，鷗鷺莫相疑。

孟襄陽上浦館句：『衆山遥對酒，孤嶼共題詩。』此詩頸聯只换三字，自可各見其妙。

校記：〔一〕『巨』，龍眠風雅作『率』。

登岱

巨鎮巍峩聳泰安〔一〕，春風乘興得奇觀。虚聞神府三千里，直扣天門十八盤。白鶴飛泉流玉髓，扶桑影日弄金丸。秦碑漢碣空苔蘚，指點當年對禪壇。

三、四脱去登眺習見語，元美、於鱗諸人作外，别具俊致。

校記：〔一〕『巍峩』，龍眠風雅作『峩然』；『泰』作『處』。

福興寺赴忠上人之約晚過趙國重樓上邂逅沈郎歌以侑酒

闍黎鐘磬聽茫茫〔一〕，竟〔二〕日尋秋野興長。初地午餐逢白足，高樓晚讌出紅粧。檐前共指三星燦，水際遥懸片月光。拼〔三〕醉且將愁並遣，西〔四〕風猶恐斷人腸。

曲折隨題，指與物化。

訪竹軒舅氏句：『山童采栗修茶供，野鳥啼花傍酒尊。』遊碧泉庵句：『石峽水奔山欲斷，松門雲擁路如迷。』舞雲臺句：『雲起直連山盡處，花開欲遍水東頭。』

校記：〔一〕『闍黎』句，龍眠風雅作『乾坤秋老總茫茫』。〔二〕『竟』，龍眠風雅作『日』。〔三〕『拼』，龍眠風雅作『判』。〔四〕『西』，龍眠風雅作『春』。

葯園同王子質詹伯中姚永思賞菊觀一松翁詩〔一〕稿

往年曾此看花來，又見寒芳幾度開。谷口風流傳折簡，江門月色照銜杯。勝遊忽〔二〕結青雲侶，展卷〔三〕同驚白雪才。款洽坐聆玄論久，却疑身世在瑤臺。

校記：〔一〕『詩』，龍眠風雅作『諸』。〔二〕『忽』，龍眠風雅作『喜』。〔三〕『展卷』，龍眠風雅作『寡和』。

夜酌對紫荆花

東〔一〕風芳草遍天涯，二月遊人未到家。愁絶夢中桑柘〔二〕緑，一樽空對紫荆花。

校記：〔一〕『東』，龍眠風雅作『春』。〔二〕『柘』，龍眠風雅作『梓』。

錢可賢一首

錢可賢 字禎卿，號鳳南，萬曆甲午副榜，官來賓知縣。有海上草。

獨坐

竹色團團上翠微，遮藏茅屋客來稀。白雲每見山南起，黄鳥時從樹裏飛。忽有好風開我户，乍生明月照人衣。清霄露下蟬聲寂，膝上横琴不用揮。

錢志立二首

錢志立 字爾卓，號鏡水，萬曆間諸生，有春音、缶音諸集。

江上奉懷胡彭舉兼聞其入閩急弟難

客心何事轉凄其，爲爾相逢未有期。斷續雲邊鴻雁字，有無原上鶺鴒詩〔一〕。姓名久已逃吴市，踪跡還聞入武夷。暫向江頭留尺牘，故人尚卧北山陲。

校記：〔一〕『詩』，龍眠風雅作『悲』。

張麗華智井

玉樹歌聲猶未收，旌旗十萬滿城頭。官家詩酒臨春閣，兒女烟花結綺樓。籌〔一〕國原無千載計，求生還〔二〕爲片時謀。井邊落日遊人過〔三〕，風起啼鴉〔四〕老樹秋。

校記：〔一〕『籌』，龍眠風雅作『固』。〔二〕『還』，龍眠風雅作『只』。〔三〕『過』，龍眠風雅作『度』。〔四〕『啼鴉』，龍眠風雅作『鴉啼』。

錢潤二首

錢潤　字澤之，如畿曾孫，萬曆末諸生。

晚歸

遠山銜落日，驢背夕陽中。望裏城烟白，田間野燒紅。鴉寒争噪雪，樹老不呼風。醉看前邊路，依稀似不同。

穀日郊行

偶其〔一〕踏春行，欣逢穀日晴。草鋪歌席軟，花落舞衣輕。雲影虛沉閣，山光澹入城。老農諳〔二〕物候，説是有秋成。

校記：〔一〕『其』，龍眠風雅作『爾』。〔二〕『諳』，龍眠風雅作『占』。

錢志道一首

錢志道 字爾行，號茗水，志立兄，布衣。

下清溪

片帆高挂片雲低，千頃湖光萬柳齊。日暮酒醒成遠望，家山無數下清溪。

錢巨明二首

錢巨明　字文卿，號鶴汀，天啟間諸生。

暮春書事

把酒尋春[一]興若何？遊人隊隊試新羅。呢喃乳燕梁間聚[二]，嘹唳[三]征鴻夢里過。草木葉稠花事盡，園林果熟鳥聲多。無端却憶西湖上，畫舫頻催十里荷。

校記：[一]「春興」，龍眠風雅作「詩近」。[二]「呢喃」句，龍眠風雅作「風前斜燕空中舉」。[三]「嘹唳」，龍眠風雅作「天外」。

和四弟苦雨之作

青精欲飯山頭寺，黄獨空抽洞口芽。枝上不聞鶯百囀，庭前惟有燕雙斜。

錢秉鐔四首

錢秉鐔 字幼安，崇禎間諸生。潘蜀藻曰：『先生少與弟飲光齊名，貢成均。時值國變，遂棄去。憂憤賫志以歿。』省志：『秉鐔兄弟五人，與季弟秉鐙名重江左，有「二錢」之稱，及秉鐙遭黨禍，秉鐔撫循門内終身。』

登　高

垂老看秋色，登臨興不慳。黄花羞白髮，紅樹點青山。拄杖行猶健，呼童醉早還。念茲風日好，莫惜一身閒。

山中看桂喜友人見過〔一〕時舍弟滯嶺外

山中無故友，叢桂足相知。人老兵戈裏，花殘杯酒時。淮南消息好，嶺外雁鴻稀。明月猶堪賞，還期一叩扉。

校記：〔一〕『過』，龍眠風雅作『顧』。

酒熟與友人飲

今歲山田只半收，牀頭釀熟不知愁。已曾勅婦開新醞，更得從君話舊遊。酤榷〔一〕不因荒歲減，才名敢向亂時求？太平想見先朝事，種秫年年大有秋。

校記：〔一〕『酤榷』，龍眠風雅作『酒態』。

送別家兄舍弟之震澤

逢人何必問滄桑？越國傷心越水長。客路夢隨今夜月，官橋跡印向來霜。老年兄弟難爲別〔一〕，亂日詩文不易狂。早晚柴門人獨望，回思嶺外淚千行。

校記：〔一〕『難爲別』，龍眠風雅作『真難別』。

錢秉錡六首

錢秉錡 字湘之，號桂莊，崇禎末處士。

夏日訪元蒼上人

精舍相違久，偶然乘興來。山深人罕〔一〕到，水漲路重開。屋角垂瓜蔓，牆根〔二〕種芋魁。遠公留一飯，雨霽踏泥回。

校記：〔一〕『罕』，龍眠風雅作『少』。〔二〕『根』，龍眠風雅作『隅』。

九日同愚公暨諸弟登高

不盡登臨興，扶笻步履艱。秋光深到樹，江氣遠浮山。老友吟詩苦，高僧對酒閒。賦成推伯仲，酬唱夕陽還。

入浙訪五弟幼光

浪跡傳聞到越城，相尋岐路却魂驚。只云飄泊同王粲，不謂〔一〕疏狂罪禰衡。荆棘叢生千里道，庭幃歡隔兩年情〔二〕。寒風細雨吴江岸，愁〔三〕聽孤鴻天外聲。

此田間避馬、阮之禍時也，不作禰正平者，幸也。

校記：〔一〕『謂』，龍眠風雅作『道』。〔二〕『荆棘』二句，龍眠風雅作『兄弟暌違千里隔，妻孥闊别兩年情』。〔三〕『愁』，龍眠風雅作『難』。

春日同舍弟〔一〕赴吴來章爾玉浮山之約 二首之一

入山春半見群芳，一杖相隨野興長。雨後旗槍新茁茗，風前劍戟嫩抽篁。閒牽〔二〕稚子穿花徑，側避佳人過石廊。登眺不須愁日晚，深林月出透餘光。

校記：〔一〕『舍弟』後，龍眠風雅有『奏公』兩字。〔二〕『閒牽』，龍眠風雅作『健同』。

田家晚春 六首之一

斗室閒吟老影孤，松風引步杖藜扶。園中春色時方好，江上軍書可盡無？歸雁空〔一〕虚乘月過，落花地滿作霜鋪。寂寥人静難消遣，隣店常沽酒一壺。

校記：〔一〕『空』，龍眠風雅作『窗』。

夕陽〔一〕

自惜光陰日已非，晚來猶得見餘暉。倦飛鳥雀投林亂，抛放牛羊識路稀〔二〕。返照映江帆影出，殘紅斂樹舍烟微。崦嵫西下難留住，又向東湖望月歸〔三〕。

校記：〔一〕夕陽詩題據龍眠風雅補。〔二〕『稀』，龍眠風雅作『歸』。〔三〕『歸』，龍眠風雅作『輝』。

錢秉鐙六十七首

錢秉鐙 字幼光，號田間，後更名澄之，字飲光，崇禎時諸生，有藏山閣稿、飲光詩文集。姚南青援鶉堂筆記：『錢飲光生於萬曆辛亥，與方無可同歲。』錢大昕疑年録：『錢飲光卒於康熙三十二年，年八十有二歲。』郡志：『與同邑方密之、雲間陳卧子、夏彝仲結社應和，文譽籍甚，後避黨禍，南遁至閩、越，剃染爲僧，旋返初服，歸結廬田間。』鄭方坤國朝詩人小傳：『錢秉鐙，桐城人，崇正時屢上書言時政，南渡崎嶇閩嶠，不忘初志。迨後繩牀土室，埋照終年，酒德琴心，達生用老，斯詠斯陶，或默或語，格每進而益上，思屢出而不窮。要其流派，深得香山、劍南之神髓，而融會出之。昔人論陶靖節詩云：「心存忠義地，處閒逸情真」，景真、事真，意真，讀飲光一集庶幾得之。』四庫書目：田間易學十二卷、田間詩學十二卷，附存書目莊屈合詁八卷。李富孫鶴徵録：『錢田間與魏學渠提學交最深，感德不諼，至名其樓曰「懷青」，魏號青城也。』徐乾學澹園集序飲光全集曰：『先生自甲申變後，南都擁立新主，姦邪柄國，羣小附之，濁亂朝政，而爲之魁者，其鄉人也。先生以夙負盛名，慷慨好持正論，與之迕。及其得志，修報復，固欲得而甘心焉，刊章捕治，特興大獄，先生於是亡命，走浙、閩，入粤崎嶇絶險，數從鋒鏑間支持名義，所至輒有可紀。既嶺外削平，窮年歸隱，乃肆力著書。今年余與之遇於惠山，年七十九矣。登山渡澗，上下相羊，不異强壯少年。飲酒談笑，與十五六年前無異。莊生所云：「受命於地，惟松栢獨也，在冬夏青青然。」先生之謂也。』韓菼有懷堂集錢飲光集序：『先生少負盛名，爲諸生祭酒，遭明末季崎嶇喪亂，與時消息，其用至妙，未易窺也。其爲詩沖淡深粹，出於自然，度王、孟而及於陶矣。』沈德潛别裁集評：『幼光自抒情性，無意工詩，五言似陶，亦在神理，不在字句，與高忠憲、歸待詔，所謂異曲同工者也。』朱笠亭明詩鈔正集評曰：『余鈔明詩至陳黄門而一代之運已終。其故國遺老諸詩更博綜之，得八家焉。昔陶淵明避晉亂，有歸田園居詩，息營止競，返諸自然。此道最爲尊矣。故以飲光田園弁其卷。』昭代名人尺牘小傳：『先生嘗問易於漳浦黄氏，撰田間易學，又撰田間詩學，持論精核。詩得香山、劍南之神髓，有藏山閣稿。』王晴園樅陽詩鈔系傳：『先生弱冠爲諸生時，有御史，逆閹黨也，巡按至皖，盛威儀，謁孔廟。先生忽扳車前，御史大駭，命停車，而溲溺已濺其衣矣。徐正衣冠，昌言責之，御史方自幸脱逆案，懼其聲之著也，漫以爲病癲而置之，由是名聞四方。是時幾社、復社始興，先生與陳卧子、夏彝仲最善，遂爲雲龍社以應，冀接武於東林。及歸自閩、粤，杜門著述，學者稱爲田間先生。所爲詩本之性情，淵然入古，有藏山閣、飲光集。』姚經三無異堂集飲光詩集序：『飲光南渡時，遭黨錮，亡命流滯嶺嶠，迄辛卯始歸。歸則幡然老頭陀矣。好飲酒詼諧，放浪山水間。每酒後談説平生，聲淚俱下，聽者不能仰視。嗚呼！烈丈夫也。時時吟詩，詩不拘一格。上自漢、魏，下迄中、晚，隨興懷所至即爲之。吾黨讀其古詩，感慨諷諭，婉而多風，真得古三百篇之旨，而於性命之理，當世之故，往往託以自見焉。自歸里，得詩千餘首，輯之曰飲光集。田間，飲光學易處也。』飲光集自序曰：『余遊於外十年歸，始有廬在先人墓傍，環廬皆田也，故名曰「田間」。兒子法祖取余十年來所爲詩編成帙，號爲飲光集。左子直、子厚、孫喈公、戴導及爲刪其詞之過悲者，僅存詩八百五十有奇，姚子經三爲授諸梓焉。』按：飲光集詩説曰：『杜有「賦詩新句穩，不覺自長吟」，蓋窮幽鑿險，必有不易穩之處，而忽得穩，非世之但協律叶韻之爲穩也。』又曰『「晚節漸於詩律細」，蓋一句而有數折；一字足當數轉，內無不盡之義，而外無可見之痕。故律之細，惟子美獨到也。』又曰『詩者，文事中之最精者也。凡文字中數十百言不能盡者，詩以一句盡之。文字中數十百言作轉者，詩以一字轉之。故其事至難，而其法甚巧。爲詩者有天事焉，有人事焉。性情、氣韻、聲調之間，天爲之也。其謀篇、造句、運事，則人事之所由盡也。』又曰『詩有其才焉，有其學焉。有才人之才，聲光是也；有詩人之才，氣韻是也；有學人之學，淹雅是也；有詩人之學，神悟是也。故詩人者，不惟有别才，抑有别學焉』。先生論詩之指如此，故其自爲詩，有以詣精造微，抗行於古人之間而無媿也。

述懷

有客授我書，云自張子房。其理本太易，其術役陰陽。十干甲乃遁，六龍首則藏。易爻稱帝乙，遁甲義乃〔一〕彰。八卦排九宫，虚者爲中央。中央數居五，其色乃正黄。神人避正位，往往遊其旁。此義知者誰？庶幾老與莊。誰爲兵家言，恐是養生方。

振衣忌太白，濾水惡太清。水清魚不遊，衣白黷乃生。舉世懷嫉妒，焉能全令名？賢者砥完節，至人多累行。成綺事譏議，伯陽不與争。後世原其毁，焉知至人情？

校記：〔一〕『乃』，詩集作『以』。

倣淵明飲酒詩　十二首之五　明詩綜選　別裁集選　明人詩鈔正集選

寄生大塊中，何者爲我故？　譬如逆旅物，蹔有安足據。在世雖百年，畢竟舍之去。臨去豈不戀，戀亦不得住。所以達觀人，淡然隨所遇。委順生死間，不厭亦不慕。日飲一杯酒，所以全此趣。如自陶出。

宣聖防酒困，周易凜濡首。但云不知極，其辭亦無咎。大哉二聖人，未嘗斷我酒。如何學佛人，不許杯入手？　還言破此戒，諸戒亦難守。我心任自然，本無戒可受。方其酣醉時，虚空一何有。試問學人心，有能如此否？

芸芸萬物化，各各復其根。其根果何有，出入豈有門？　昔人推太極，無乃荒唐言。吾生本無受，殁去亦無存。於中何所見，而辨明與昏。不如隨衆人，與之同渾渾。此蒙莊齊物之意。

人生求有道，仁義固其端。吾不知仁義，惟求心所安。仲尼困陳蔡，微服亦不難。登壇却萊夷，鋒刃還相干。豈不惜軀命？　道在志以殫。吁嗟保身語，徒爲後世寬。

花中〔二〕有重閬，果核無完形。只此中虚處，萬化由之萌。橐籥空無有，鼓之風輒生。俯仰天地間，至理妙難名。設有一物在，玄化豈不停。吾其與萬有，浩然還太清。

無極太極，超超玄理。

校記：〔一〕『花中』，詩集作『胞中』。

田園雜詩　十七首之九　明人詩鈔正集選　別裁集選　篋衍集選

夙昔慕躬耕，所樂山澤居。憂患驅我遠，常恐此志虛。十年一言歸，舊宅已焚如。嗟我昆與弟，茅茨倚廢墟。徘徊靡所棲，還結田中廬。結廬雖不廣，牀席容有餘。牀上何所有，一二古人書。熒熒陂上麥，青青畦間蔬。日入開我卷，日出把我鋤。

委心去留，化機洋溢。

仲春遘時雨，既雨旋亦晴。百草吐生意，衆鳥喧新聲。紛紛群動出，各各有其營。孰是形骸具，而懷安居情。秉耒赴田皋，叱牛出柴荆。耒耜非素習，用力多不精。老農憫我拙，解軛爲我耕。教以駕馭法，使我牛肯行。置酒謝老農，願言俟秋成。

真正陶公，儲太祝恐猶遜之。

一春勤稼穡，草木荒東園。今晨始芟刈，逝將除其根。良苗常苦短，惡草常苦繁。腰斧伐荆棘，用以衛籬藩。荆棘傷我手，淋漓手中痕。手傷不足道，籬弱何以存？家人挈酒至，滿斟在瓦盆。勸我餘一醉，頹然卧前軒。前軒無人來，春風開我門。

惡草斧斤别有寄觸，結末飄然，殊不霑滞。

鷄鳴識夜旦，鳥鳴識天時。東皋人有聲，我起毋乃遲。攬衣出門早，且復驅其兒。黄犢初教成，我鋤子則犂。犂鋤豈不苦？衣食道在兹。道旁一老父，顰蹙前致辭。言兒筋力薄，稼穡非所宜。詩書雖不尊，猶是祖父遺。如何舍素業，自甘辛苦爲？多謝老父言〔一〕，此意君未知。呼兒且飯牛，吾去燒東菑。沈評：『若一説明，索然無味。』

春天不久晴，衣垢及時澣。身上何所著，敝襦及骭短。家人念我寒，一杯爲斟滿。酒滿不可多，農事不可緩。奮身田野間，襟带忽以散。迺知四體勤，無衣亦自暖。君看狐貉温，轉使腰肢懶。

東園有嘉樹，开花照昏曉。一爲葛藟縈，遂使枝條槁。枝條既已盡，葛藟縈未了。我欲解其纏，轇轕死相抱。念此不能除，斬斷乃爲好。斬藤樹亦傷，藤去樹已保。今晨心目開〔二〕，宿穢凈如掃。樂哉嘉樹柯，且復惜其老。寄言種樹人，此物去宜早。

非種必鋤，朱虚之誡，爲百年之計者，其知之。

鄰舍有老叟，念我終歲勞。日中挈壺榼，餉我於南臯。釋耒就草坐，斟壺盡濁醪。老叟自喜飲，三杯興亦豪。縱談三國時〔三〕，詬詈孫與曹。阿蒙彼小子〔四〕，恨不齒〔五〕以刀。惜哉諸葛公，六出計徒勞。身殞功不就，言之氣鬱陶。持杯進叟酒，酒盡且餔糟〔六〕。此是〔七〕異代憤，叟毋太牢騷。

蜀之不能於魏者，以阿蒙輩掎掣耳。然猶分足一方也，若南都之爲葛、姜者何人？

屋上春鳩鳴，田間穀始播。時雨催我還，倚櫂檐前坐。牧童去未歸，雨聲聽漸大。時雨豈不嘉，所慮老牛餓。自往喚牧童，牽牛入闌卧。我牛既以來，我鍤行須荷。田疇及時治，況復雨初過。亦知冒雨寒，爲農焉敢惰。

人生會有盡，行止非自由。止亦不可趣，行亦不可留。如何柴桑叟，汲汲爲此憂。終年痛飲酒，冀以忘其愁。吾身聽物化，化及事則休。當其未化時，焉能棄所謀？有子亦須教，有田亦望收。天心於人事，何息不同流。我不離世間，而願與天游。焉能外親戚，視之同浮〔八〕漚。乃知黄老書，不如孔與周。

沈評：末章將倫常日用存順没甯，和盤托出，可以想其品概矣。

校記：〔一〕『言』，詩集作『意』。〔二〕『開』，詩集作『曠』。〔三〕『時』，詩集作『事』。〔四〕『彼小子』，詩集作『龍切齒』。〔五〕『齒』，詩集作『揮』。〔六〕詩集無『持杯』二句。〔七〕『此是』，詩集作『嗟此』。〔八〕『浮』，詩集作『聚』。

雪朝偶成　《明人詩鈔正集選》《篋衍集選》

林雀不聞喧，竹窗旋已曙。攬衣啟柴門，靄靄見積素。孤烟弱不高，野田微有露。土畦參差白，皓若宿群鷺。寒花裹不舒，麥色萋以布。何處一聲喧，驚此山鳥去。

朱笠亭曰：『「皓若宿群鷺」，寫雪景，新警。末句與此映帶生色。』

詠史　十二首之三

得失固有道，成敗安足論。成者甯必聖，敗者詎爲昏。古來功名際，多爲史氏冤。謝玄破苻秦，其名至今存。向非朱序倡，秦兵豈遽奔？英雄一失路，萬古褫其魂。功名屬豎子，壯士復何言？

中原昔喪亂，戎羯互塗炭。共偷江左安，坐看神州陷。壯哉劉宋公〔一〕，直上咸陽殿。百年宿穢清，天日重相見。可憐秦父老，壺簞遍畿甸。天下望風降，拓跋不敢戰。一朝棄之行，急歸圖晉禪。關中自足帝，方隅何用篡。空使向化民，再罹犬戎啖〔二〕。功名不得收，古今一長嘆。

關中二語，寄奴見不及此。後之論古者，亦未能道。

蘇卿在北海，志豈復望生。空死無人地，此心誰當明？丈夫守大義，口舌未可争。李陵語未畢，喟然感其誠。雲中生口至，迺言武帝崩。南向一長號，至今如聞〔三〕聲。白髮謁園廟，歸國徒傷情。

校記：〔一〕『劉宋公』，詩集作『宋武帝』。〔二〕『餤』，詩集作『難』。〔三〕『如聞』，詩集作『聞哭』。

寄藥地無可師 五首之一

風動知歲晚，水落知天寒。居人篝火坐，各各掩其關。言念藥地翁，一身棲廩山。廩山在何所？草屋八九間。江右土氣薄，况經兵燹〔一〕殘。緼袍豈能温〔二〕？粗糠〔三〕甯可餐。又聞終歲病，鬚鬢不復斑。豈徒無與侣，枯淡恐無歡。念此不能住，喟焉摧心肝。

校記：〔一〕『燹』，詩集作『烽』。〔二〕『能温』，詩集作『不冷』。〔三〕『糠』，詩集作『糲』。

步出城西門，荒堤何逶迤。衰柳夾堤植，上宿鵶與鴟。路傍有古廟，入門柩纍纍。借問此何人？云是義士屍。寄此頗有年，親戚不敢移。中有慷慨士，平昔心相知。始志在捐軀，臨危果不欺。旅魄滯曠野，冤魂當訴誰？徘徊不能去，愴惻傷肝脾。

朝入城南門，經過冠蓋里。門扉日中閉，烏雀檐下喜。高樓既以傾，花榭亦以毀。石筍青峩峩，爭爲勢家徙。問此爲誰居？疇昔門如市。隻手覆邦家，海内不敢指。國事一朝壞，名敗身亦死。赫〔一〕赫曾幾時，至今人切齒。惟有霍家奴，猶稱富人子。

此當爲斥阮懷甯作。

攬衣忽不寐，起步庭前楹。秋蚕扶户吽，聽之感我情。萬物有至信，候至此則鳴。如何結友誼，不如秋蚕聲。憶昔初相知，一語要平生。堅此歲寒約，重以金石盟。昨暮極繾綣，今晨背我行。有如急難至，子全〔二〕我則傾。轉念疇昔言，曾無一語誠。傾家不足道，此意殊難平。

校記：〔一〕『赫』，詩集作『炫』。〔二〕『全』，詩集作『安』。

述懷 明詩綜選

五月井水寒，十月井水温。陰陽潛變易，智者窺其根。而况氣候移，一往不復存。古人有陳迹，每爲後世翻。如何章甫儒，猶守聖人言。草木戀故株，人心懷舊恩。不如候旦鳥，能知朝與昏。大運既已然，吾道安足論。

與時推移，亦達人知化也。

贈胡處士星卿 五首之一 明詩綜選

惟我與夫子，同爲學道人。我亦無深嗜，不能甘子貧。昔爲帝室戚，今爲隴畝民。抱腹聽鳴雞〔一〕，啼號動四鄰〔二〕。故人貽斗米，持以分所親。哀哉此高士，不能營其身。

校記：〔一〕『抱腹』句，詩集作『長夜不肯晨』。〔二〕『啼號』句，詩集作『兒女終歲饑』。

柳絮篇

長干二月柳花飛，拂巷穿街亂撲衣。閒逐遊絲颺紫陌，急隨花片度羅幃。人家曉起紛紛白，委地盈階掃不惜。暗妝老樹認爲花，斜舞回廊疑似雪。莫笑楊花性太狂，無情無緒漫悠揚。誰家庭院非新主〔一〕？何處園林是故鄉？佳人不道花輕薄，世事由來無定着。詎惜桃花隨水流，更傷霜葉歸根落。飄飄不自定東西，懶學人間着處迷。便欲乘風輕渡水，惟愁帶雨溼霑泥。往還豈借吹噓力，倏忽升沉渾莫〔二〕測。階下兒童捉未能〔三〕，梁間燕子捎〔四〕難得。飛去飛來江水頭〔五〕，春風春水使人愁〔六〕。即教化作浮萍草，依舊無根水上浮。

身世蒼茫，浮踪飄泊，感寄遥深，非徒詠物。

校記：〔一〕「新主」，詩集作「吾土」。〔二〕「莫」，詩集作「未」。〔三〕「未能」，詩集作「不來」。〔四〕「捎」，詩集作「蹴」。〔五〕「江水頭」，詩集作「任意休」。〔六〕「春風」句，詩集作「春風不用更追求」。

姑山草堂詩

秦淮九月天氣凉，江雁初飛菊有芳。徐生旅館堪清觴，夜深酒罷燈猶張。雪乳細撥聞澹香，草根滴露啼寒螿。展出筆墨精且良，要我寄題姑山莊。姑山老屋百年荒，兵火經過樹未傷。薜荔裊裊網古牆，人烟深處橘柚黄。中有幽塢構草堂，柴扉松竹森成行。先世圖籍此中藏，山頭怪石勢低昂。見者叱之疑爲羊，麻姑仙迹事渺茫。鐘鼓不擊餘鏗鏘，東有太湖水汪洋。沈麻諸子宅其旁，暇時過往〔一〕一葦航。有書有友若〔二〕可忘，胡爲棄兹山水鄉？賃居蔬圃春無糧，應門老僕鬢全蒼。終日街頭走欲僵，勸君早整還山裝。妻孥天寒遥相望，掃去苔蘚開竹房。架有卷軸篘有漿，召君好友讀且嘗。縱君談笑無所防，我亦有廬樅水陽。桂花松子秋滿牀，催科驅走來四方。閉門有志不得將，君家稍足歸無妨。逋君詩債今當還，作詩勸君歸計長。

似蘇門晁、張諸子之作。

校記：〔一〕『過往』，詩集作『過從』。〔二〕『若』，詩集作『死』。

捉捕行

鷹能捉，犬能捕，年年射獵城南路。高下隨人不暫離，共入中山擊狐兔。中山兔盡狐夜驚，即防蹴踏冢穴平。只言狐兔不日絶，那知鷹犬自相争。犬背主恩掉尾去，反面還爲狐狸護。從此鷹拳勁莫施，高墳纍纍憑狐〔一〕住。昔時逐兔犬常肥，今隨狐狸終歲饑。回首蒼鷹不得志，猶在天邊側翅飛。

校記：〔一〕「憑狐」，詩集作「公然」。

湖熟種菜歌

金陵城東湖熟村，中有隱者開平孫。通侯甲第今已矣，意氣豪華無復存。開平去今凡幾代，五王之後惟君在。往昔爭言青門瓜，如今獨數湖熟菜。問誰種來滿畦新，一家種菜餘〔一〕三人。終歲把鋤菜畦裏，婦能炊飯兒負薪。爲君婦亦太辛苦，嬌貴當年難比數。翟珈賜出小侯妻，珠翠〔二〕粧成上宮女。都人猶記嫁時粧，如雲媵妾爛生光。臺前照鏡輪梳髻，架上薰衣遞〔三〕管香。一朝散去竟何有，相對惟餘雙白首。早從府內厭笙歌，還向村中操井臼。村中井臼倚柴扉，賣菜還愁終歲饑。夜長不肯燃薪坐，十指侵寒綻故衣。東川子孫公主裔，妻孥行汲常滋愧。聞說君婦盡傷情，無心更擬王〔四〕奴婢。

校記：〔一〕「種菜餘」，詩集作「生計只」。〔二〕「珠翠」句，詩集作「珠翠裏成上公女」。〔三〕「遞」，詩集作「派」。〔四〕「王」，詩集作「求」。

飲子錢〔一〕託園即事

日落蟬聲急，高齋颯已秋。苦吟悲鶴髮，時曲試鴉頭。背燭調歌管，分曹散博籌。夜深歸路黑，先遣郭門留。

校記：〔一〕『錢』，詩集作『輔』。

吴門晤姜如須令嗣奉召〔一〕有感

在昔同流寓，姜家兄弟賢。交深鈎黨日，客散過江年。梅福名難變，梁鴻噫不傳。淒涼逢令子，話舊淚潛然。

四語用世說，情詞悽愴。

校記：〔一〕『召』，詩集作『世』。

夏日雨後　明詩綜選

好雨從風至，炎蒸一以清。雷聲驅漸遠，雲氣斷猶行。蟬極楊林〔一〕噪，蛙矜草露鳴。同時遭汝聒，聽去各爲情。

校記：〔一〕『極楊林』，詩集作『劇林乾』。

水仙　二首　明詩綜選

莖葉盈畦短，根荄與石宜。素華凝雪片，絕艷是冰姿。影在燈前好，香惟夢醒知。神清誰得似，姑射耐寒時。

千葉殊濃艷，宋人以千瓣爲真水仙。吾憐六瓣單。香中稱澹妙，花裏最清寒。白映湘妃珮，黄加道士冠。常防酒氣逼，不敢醉時看。

移居南村〔一〕

租得橋西宅，攲斜只兩間。窗平秋後草，榻對雨中山。賓客應難到，吾人不易閒。雙扉臨市井，無事盡常關。

校記：〔一〕『村』，詩集作『郊』。

穫稻　秋村八課之一

今年秋較稔，隴稻一時黄。得暇先完稟，占晴早築場。雞豚開柵喜，婦子合村忙。即擬輸官税，甯期卒歲糧。

葺茅

農隙争乘屋，秋晴趁好天。葉紅堆處爛，蘿碧補時牽。免溼齋厨火，期安雨夜眠。家人思換瓦，此志慰何年。

同家兄飲田家作

新酒家家熟，興來隨〔一〕步過。烟村經亂少，債户到秋多。山簇詩中料，水吹畫裏波。阿兄防我醉，紅樹已先酡。

五律樸易，自是白格。

校記：〔一〕『隨』，詩集作『信』。

園居雜詩 八首之一

破屋重來住，低窗燈可憐。農忙三月雨，烏鬧五更眠。細點牀頭易，同參洞上禪。課兒時技癢，老筆忽成篇。

蜻蜓

不定去來意，悠揚何太微。尋花餘蝶鬧，咽露讓蟬饑。羅網寬休觸，兒童捷有機。憐他輕點水，得趣便高飛。

結末自有寄觸，而寫物情，亦精妙，與張曲江詠海燕篇同工。

投宿峽山贈念何庵主

每叱溪邊蹇，遥憐竹色寒。柴門藏路側，精舍隱林端。日在山中短，天于閣上寬。老師相識舊，常借一宵安。

山居雜興　十二首之一

糧事聞人説，官徭果便農。倘能減科派，詎敢後輸供。僧徙施茶竈，鄰求造酒傭。今秋安水碓，借與四鄰春。

三、四發於至情，忠厚之至。

水村即事〔一〕　八首之一

久〔二〕説土膏動，今晨人下田。蒲抽三尺劍，荷捲一溝錢。買史防增稅，迎神特問年。曆圖全不驗，可是暮春天。

校記：〔一〕『即事』後，詩集有『示諸從子』。〔二〕『久』，詩集作『見』。

田間雜詩　十八首之一

世法終難學，時流不可親。自知饒舌慣，常觸用心人。醉恐難頻怒〔一〕，交防太率真。通身無俗骨，只合守長貧。

校記：〔一〕『怒』，詩集作『恕』。

寄吴梅村〔一〕

秣陵烟樹已全空，回首登臨似夢中。只課詩篇銷晚歲，別填詞曲哭秋風。同時被召情偏苦，往事傷懷句每工。却憶清江楊伯起，屢辭麻詔薦婁東。

身世蒼茫，鬱伊易戚，而梅村遂以詩篇詞曲，作江左蘭成矣。

校記：〔一〕『村』後，詩集有『宫詹』二字。

金陵即事 八首之一 別裁集選

秋山無樹望崚嶒，幾度支笻未忍登。荒路行愁逢牧馬，舊交老漸變高僧。鐘樓自吼南朝寺，佛塔還然半夜燈。莫向雨花臺北望，寒雲黯淡是鍾陵。

四語可當勝國遺民録。

五月還江村即景

柴門新縛豆棚寬，來往行人坐此看。荷葉值錢須護早，麥仁炊飯覺春難。流螢白晝潛瓜蒂，水鳥清江乳芡盤。時有農夫相問訊，分將常膳與同餐。

長夏江村未寂寥，莊家麥酒動相招。湖田水足嫌多雨，草閣宵寒怕長潮。稚子采荷包雀鶉，居人下食引魚苗。山邊早稻看將出，屈指嘗新一月遥。

風景逼真，不嫌細碎。

贈米二岳三岳自滇回寓居漢口

米家兄弟奇男子，萬里生還天盡頭。白首泥塗逢漢口，青春劍佩憶端州。豹城異代家難認，馬革當年志已休。看爾窮途攜累重，不堪憔悴楚江秋。

朱子葆別去有懷 明詩綜選

嘉禾亂後信全稀，忽過南村叩板扉。笑汝纔完婚嫁債，勸余莫著水田衣。雨淹塔寺花無賴，潮退湖湘〔一〕蟹正肥。去日行裝知掠奪，丹陽何計買舟歸？

校記：〔一〕「湘」，詩集作「鄉」。

重過沈聖符村居 明詩綜選

涕淚驚看雙鬢存，吹篪猶是舊王孫。橋邊雨過初無路，宅後人稀早閉門。古樹悲風鳴絳葉，空村白晝易黄昏。三更鬼哭多相識，腸斷誰招澤畔魂。

喜雪

年年臘盡滯天涯，白首生還度歲華。炎海人歸初見雪，烟村樹朽〔一〕半開花。巢低老屋漁翁宅，竹亞柴門處士家。暢好江天宜極目，晚來峰頂杖堪拏。

校記：〔一〕『朽』，詩集作『死』。

重九日友人見過

柴門住近大江涯，有客追尋苦路〔一〕賒。三徑葉聲高士屐，一庭山色老僧家。茱萸正熟經秋酒，叢桂還留滿樹花。吾意詩壇今屬汝〔二〕，獨拼歲月註南華。

校記：〔一〕『苦路』，詩集作『路苦』。〔二〕『吾意』句，詩集作『向後詩壇欣有屬』。

纔晴

猛雨纔晴已一旬，稻苗高下緑初勻。鴨歸渡口能分陣，鷺立波心不采人。天熱兒孫書課減，晝長傭作水漿頻。羡他赤裸騎牛豎，日浴清江幾遍新。

亦白，亦陸。

憶白門舊遊　四十首之二

蓬門開向小橋邊，避世經今十六年。遂見山陵供牧馬，每逢國忌拜啼鵑。校經半出門牆下，佞佛時遭塔寺前。羨爾食貧蕭散甚，杖頭常帶酒家錢。金伊仲

朱雀橋南塵最喧，纔離闤市綠陰繁。青苔巷掃家家路，白槿籬編處處村。王氣已銷松樹盡，兵機新得竹林髡。比來烟雨蕭條甚，空有樓臺望裏存。普炤寺僧

寄彭孔晳刺史

梧州城踞夾江沱，亂後因君得再過。津市烟消殘竹瓦，山樓月落起蠻歌。飲除冰井泉源少，候近桃花瘴癘多。嶺路漸通人漸散，獨留高寺老頭陀。

秋興

記憶雷塘日向低，停橈多在斷橋西。淺沙紫蟹銜霜出，高樹玄蟬抱雨啼。度曲夜浮青雀舫，吹簫人壓緑楊堤。可憐歌舞隨烟散，愁對吴山聽馬嘶。

柳

嫋嫋門前柳，絲條拂地垂。春風吹有意，爲我掃茅茨。

杜鵑花

不信花爲鳥，斑斑有血痕。枝頭無語唤，遊子暗銷魂。

讀曲歌

偏調耶孃傳，小曲儂能度。郎勿按拍板，幾番教儂誤。

真齊梁人語。

郎喜出門去，望郎畏人知。暗中布方局，郎自不解期。

期音同棋。

鄧府庵棋僧

鄧府庵前草亂生，荒墳細路少人行。竹風滿院雙扉閉，聽得揪枰落子聲。

金陵口號

誰〔一〕家法物廢爲銅，觀象臺存器已空。却説渾天儀尚在，撤來零落府堂中。

南朝冊籍重魚鱗，鎖鑰關防察視頻。發出街頭官價賣，家家窗牖一時新。

魚鱗冊最是經界確據，當時竟無鄭侯其人收拾之耶？

校記：〔一〕『誰』，詩集作『漢』。

秦淮歲暮〔一〕　孫雨田寓閣

少年爲客苦寒宵，水閣經冬最寂寥。兩岸綺窗通夜閉，孫郎向月自吹簫。

校記：〔一〕『暮』後，詩集有『宿倪越公』四字。

錢克恭一首

錢克恭　字亦友，崇禎諸生。

雨中泛湖

菊風香霧裏，一櫂入雲天。堞没千家雨，山迷萬樹烟。氤氲連海市，歌吹隱樓船。安得閻公手，還將清景傳。

錢旦仍五首

錢旦仍 字允升，號恕庵，順治間諸生，早卒，有摭遺草。姚端恪序曰：『余於里塾同几席者三人，則錢子恕庵、吴子忍持、方子邵村。邵村及余登第。忍持奉尊君水部無齋公歸隱白雲。恕庵以流離喪亂，奉母携弟，家遂中落。且長彎未騁，竟以瓠落，與忍持先後赴玉樓之召矣。回記少時與恕庵連牀風雨，觀其標格，聆其謦欬。酒酣耳熱，顧盼自雄，倚馬凌雲，霏珠湧泉，今安可復得哉！』

蕪　關〔一〕

孤帆摇白日，寒雨下黄昏。兵燹餘歸路，村居半掩門。趁雲悲塞雁，吹浪隱江豚。作客無懷抱，淒涼酒一尊。

校記：〔一〕龍眠風雅詩題作過蕪關。

與兄席之

竹籬虛徑行人少，茅屋深林日影斜。但許買山銷歲月，何妨招隱卧烟霞。客來白社先儲酒，家在青門學種瓜。况有弟兄堪結伴，一灣新柳映桑麻。

感賦 二首之一

湖海空餘一舫寬，年年踪跡滯江干。蘆花白後潮初落，柳葉黄時秋又殘。敢謂素心逢世易，還將青眼看人難。可憐未少雙飛翼，獨繞南枝夜影寒。

與前崑山令萬允康明府話往事有感

聞君三十已登壇，轉敗爲功勢所難。獨木猶思支大厦，浮雲何處望長安？流移數載錐難立，飄泊殊方橐共寒。方外不須勞顧問，丹心白首一黄冠。

留别居停〔一〕斯玉

白社青樽倒接䍦，交深翻恨訂交遲。途窮爲我開三徑，世亂從君乞一枝。江水不緣烽火斷，秋風忽與布帆期。莫〔二〕愁别路無消息，岸柳汀蘭寄所思。

校記：〔一〕「停」後，龍眠風雅有「司徒」二字。〔二〕「莫」，龍眠風雅作「不」。

錢勖仍二首

錢勖仍 字扶升，號雁湖，康熙間諸生，有聽雪齋集。連雲堂紀名録：「錢氏勖仍扶升、增志，則凡二人。」張都憲若溎連雲堂集序曰：「先大夫恒言，往者習俗敦醇，跂崇古處，鄉先進罔不競自束脩，濯磨道德。其氣誼合者，往往伉群比類，結昆弟之歡。至操行文采，日炳星暉，蔚爲一時之望者，則必以連雲爲最。連雲者，先王父與諸君子講學勵行，因以名其堂者也。堂始若干人，其後增至三十九人。其初不可爲苟合，合則必有始終。蓋在互相觀摩，資嚴憚之益，其成就毋爲同人辱。是以仕者處者，功名芳潔，長留天地間。有真品者有真交，其情義之篤，金石矢其堅而膠漆不爲固也。是時先王父暨諸君子皆即世，惟錢雁湖先生獨存。若湝嘗從先大夫往謁先生，據上座，詢所從來。先大夫敬立陳述，請進正，先生既指晰，終必勗以立身行己，期於成立。先大夫再拜，欽受辭退，先生不肅不將送，率以爲常。蓋先大夫所事錢先生者，如此其恭；先生之所以待故人之子者歷久，如此其至。由是以推，則當日諸君子之義理相規、性命相倚者，可不謂上追古哲，下詔末俗者哉！』田間集寄扶升姪詩云：『近有龍眠集，遺詩擬盡編。表章爲我事，詞賦是家傳。亂日書多散，衰門賴汝賢。柳溪存稿否？試檢白雲篇。』

錦莧

鴻雁何時到？一名雁來紅。秋光滿院賒。淺深黄間赤，舒卷葉爲花。拂砌千重錦，依牆一片霞。凋零容易事，飽看意無涯。

九日

莫問他鄉與故鄉，俱從客裏度年光。怕教吹帽羞頭白，懶得登高對菊黄。佳節欲酬誰載酒，寒衣未换早霑霜。况當風雨連朝急，一把茱萸一斷腸。

錢法祖三首

錢法祖 字孝則，田間長子，早卒。潘蜀藻曰：『田間避黨禍，亡命吴中，孝則隨母方夫人踪迹之，遇兵亂，母赴水死。田間在閩，孝則家居。一夕盜入其室，孝則以衛後母，故盜刃之。盜竟未獲，聞者冤之。』

老梅行

老梅峷嵂當軒〔一〕立，對我森森如列戟〔二〕。二更殘月西山頭，倒影虬龍走絶壁〔三〕。憶昔策杖羅浮東，千株萬株相映紅。東風一夜吹花落，回首曲江春正濃。吟詩酧酒〔四〕興何極，冰姿玉態長相憶。漢宫常恨草離離，此樹猶存先世〔五〕植。可憐枯槁老江濱，孤芳肯愧桃李春。物情代謝亦常理，朽拙將爲時俗嗔〔六〕。朔風颼颼鴻雁過〔七〕，山木調刁聲相和。天寒歲暮落日微，鳥啄雀翻山雪墮。莫道花間〔八〕花不芳，陰岩骨立傲風霜。耐得歲寒誰共爾？蒼松翠柏〔九〕永相望。

格意穩成，具見家法。

校記：〔一〕『當軒』，龍眠風雅作『如鬼』。〔二〕『對我』句，龍眠風雅作『當軒對我森列戟』。〔三〕『倒影』句下，龍眠風雅有『霜皮慘裂三千尺，突兀猶爲人愛惜。不事芳菲争特奇，歲寒豈異松與柏？』〔四〕『吟詩酹酒』，龍眠風雅作『唱詩酹酒』。〔五〕『猶存先世』，龍眠風雅作『不改先人』。句下龍眠風雅有『已抽碧條弄新姿，故著寒花綴春色』。〔六〕此句龍眠風雅作『甘拙或爲時俗嗔』。〔七〕『過』，龍眠風雅作『大』。〔八〕『莫道花間』，龍眠風雅作『老梅開花』；前有『吁嗟呼』。〔九〕『蒼松翠柏』，龍眠風雅作『與爾日夕』。

雪霽喜何冰令見過

凍雀諠晴不定棲，故人初過瀼溪西。水村潮落居相接，沙岸泥淤屐自攜。魯酒賒嘗鄰店缺，胡麻炊熟舍烟低。寒窗準擬燒高燭，歸去徒教夜夢迷。

山　居

凉風颯颯鴻〔一〕南征，山川肅肅愁心〔二〕生。秋來秋去那堪説？野花野鳥難爲情。天涯滄桑幾更易，中原豺虎何縱横。日暮長叫歸未得，牽衣下淚如盆傾。

拗律，殊有杜意。

校記：〔一〕『凉風』句，龍眠風雅作『嚴風片片雁』。〔二〕『愁心』，龍眠風雅作『客愁』。

錢旆一首

錢旆 字葭毖，號彭源，康熙戊辰進士，官蒼溪知縣。

送客

黄塵漫漫路曾諳，暫共旗亭酒半酣。日落行人愁欲絶，青山何處是江南？

錢光夔一首

錢光夔 字龍友，號鷗舫，康熙間貢生，有客燕、粤騷、清溪諸集。

阮孝烈先生詩

從來至性人，一身扶綱常。甯作芝蘭摧，不同蕭艾芳。所求寸心安，榮名匪所望。憶昔南渡時，强藩肆跳梁。君側豈無人？反令賊勢張。可憐皖公城，化爲戎馬場。夜半城門開，紛紛恣殺傷。朱顔填眢井，白骨撐深隍。草間各偷活，甯知名義防？卓哉阮孝子，有母卧中堂。童僕悉駭散，以身留母旁。泣誓死相徇，母亡與俱亡。空拳冒白刃，舉體被重傷。大罵不絶口，臨死何慨慷。此事久傳播，一朝聞巖廊。盛朝重孝節，幽隱必癉彰。綸綍賁荒丘，冠蓋爲趨蹌。烏頭與漆書，燦然賁天章。聚觀士與女，瞻仰重傍徨。天真所激發，往往淚霑裳。當時報親心，一死未足償。安知異代後，沛澤下穹蒼。金石有時泐，人心無時忘。耿耿麗中天，庶同日月光。

錢惟清十一首

錢惟清 字庭延，號香麓，康熙間諸生，有香麓遺詩。江磊齋序香麓詩集曰：『庭延，雁湖之嗣子也。多才嗜學，工詩、古文詞，獨抒性靈，而自合於古法。雁湖以是愛而嗣之，未三十以試，歸而病且死。雁湖悲不能已，檢其遺詩授之梓。余讀之，既悲庭延之高才而早逝，復悲雁湖之暮齒而憂傷也。』

效放翁二愛詩

達人超元詣，大塊等蘧廬。逆旅一假宿，而乃求安居。古昔多華屋，零落成丘墟。牽船亦可住，蕭散頗自如。况我結數椽，抱膝何寬舒。有時弄柔翰，閉户惟著書。日夕步籬落，竹樹影扶疏。觴詠亦已足，幽棲殊稱予。往往涉妙趣，神遊周六虚。

孫登發長嘯，清響徹林皐。睥睨阮步兵，位置何太高。而况熙攘者，塵寰空勞勞。放懷豁雙眸，仰天首重搔。所至逢魑魅，白晝狐群嗥。賦性苦落落，擬事空谷逃。戢影户常扃，庭階没蓬蒿。惟開羊求徑，把袂偕遊敖。嗒然忘形骸，脱帽傾香醪。擊筑歌天問，是乃真吾曹。

野望

春色滿晴空，平郊望不窮。燒痕生淺緑，暖日釀深紅。樹影參差屋，炊烟斷續風。老農知九盡，驅犢向田中。

春日村居 十首之一

草堂容膝地，一徑萬松中。楊柳垂垂雨，梨花冉冉風。静聞鐺語細，香落燕泥融。自覺饒幽趣，孤吟興不窮。

舟行

江路渺無際，扁舟信所之。客裝詩載滿，秋氣鬢先知。日落千帆亂，風輕两岸移。烟波堪寄跡，時喜白鷗隨。

同姚升初仙條攜尊遊郭外園林　二首之一

載酒入林巒，相期盡日歡。溪喧人語静，日午竹陰寒。影怯穿籬蝶，香生繞砌蘭。丹丘隨處有，選勝供盤桓。

偶詠寄吴符两方紹三　三首之一

白雲深處有吾廬，歸卧何妨與世疏。眼豁旋除三徑草，家貧空剩五車書。約過隣舍朝移竹，閒課園丁晚種蔬。從此不須誇著述，雄文誰薦似相如？

秋夜村居即事

四圍山聳碧崚嶒，秋滿柴門月色澄。遠樹影空烟漠漠，平池波動月層層。雁投沙渚和雲落，蟲抱荷根泣露凝。清興每當無奈處，擬將長嘯學孫登。

慧山贈靈遠和尚　四首之一

書招蓮社盡淵明，愛聽長廊課佛聲。施食鳥窺香積下，銜花鹿向講堂行。結冬寒補蒙頭衲，過午閒支折脚鐺。識得箇中三昧義，機鋒棒喝總虛名。

宿華嚴寺

禪堂鎮日渾無事，信是空門趣轉深。鶴淚猿啼驚曉夢，水流花落浄塵心。雲歸洞口穿松徑，風度鐘聲出竹林。乘興欲探巖壑勝，老僧扶杖共追尋。

偶成　二首之一

不知更漏深，但覺人語静。微風拂檻來，明月移花影。

秋日即事

笠澤漁蓑冷釣磯，荒村車馬到應稀。有時自逐比鄰去，黃葉聲中款竹扉。

錢源啟一首

錢源啟 字敦一，號信齋，雍正間布衣。王悔生曰：『先生與弟湘舟齊名，尤工繪事。兄弟蒔花灌園，嘯歌自得。或勸之應試，夷然不屑。各有詩集，而澡雪集尚有傳鈔。敦一先生子孫無復孑遺，其集竟求之不得。悲夫！』

孝烈阮先生詩

一夕江城話亂離，母生同命死同歸。自甘白骨埋黃土，豈意丹書降紫微。烈氣夜明魑魅泣，精魂春化杜鵑飛。只今門巷花如簇，猶映當年血裹衣。

錢源逢十首

錢源逢　字湘舟，號鐵華，雍正間諸生，有澡雪齋集。方南堂集贈錢源逢詩：『遠邇亦知名，乖時不被榮。長貧諳物力，多難識人情。委巷槐陰合，澄江晚色明。妻兒能守素，翻得舉家清。』

李龍眠揭鉢圖爲吴冰持中翰題

晨訪季子城之西，到門梧竹風淒淒。示我畫軸手自攜，展對如然温嶠犀。絹素横披纔尺一，經寸幾容鬼數十。雙眼摩挲望轉迷，四射陰風生凜溧。卷中鬼擁般若妻，有子一萬互悲啼。悲啼不絶果何爲？瞰人子女遭天褫。一子迦羅年小弱，世尊將來覆以鉢。七月彌天尋未休，聞知旋向世尊索。魌䰫魑魅横空來，欲翻鉢轉令兒回。高架長繩曳鉢底，負山拔地如奔雷。旌旗閃爍劍戟利，獸身人面多贔屭。肥者如瓠瘦如荄，草木禽魚皆血氣。飛者走者勢莫當，天花亂落群鬼僵。勢窮氣竭百無濟，嗚嗚泣訴世尊旁。世尊無言但含笑，試以世人子女較。汝失一子慘如斯，何苦世人子女類無噍。吁嗟乎！普天大地此輩多，公然未見干天呵。安得李公寫生手，一一圖起成悲歌。

愛子如余世尊，特爲楚靈輩説法耳。奇情奇景，讀詩如無畫矣。

采蓮曲

去年移藕湘江水，今年開花復生子。物能得天獨如此，今年子落湘江波。明年開花花復多，對花不采將奈何。

送方用晦入都

少陵不得志，始登嚴武牀。謀食盡如此，問心母乃傷。似君遊踪遠，作客較差强。咸藉一堂聚，宦途同故鄉。

宵征

落日氣蒼凉，征人尚未遑。朔風吹地白，野燒接天黃。一雁下寒磧，孤星出大荒。心旌懸莫定，憐影認燈光。

村居

秧護一畦緑，麥浮千隴黃。聞鳩占暮雨，打鴨過横塘。鳳尾仍移竹，蠶眠急攝桑。村居三月好，一一付詩囊。

夏小正：『三月攝桑。』傳：『攝而記之，急桑也。』

春日山行

芳草芊綿千里遥，春風吹水綯生綃。亂藤網石防崩壑，積雨奔溪怒過橋。燕子泥深牛没骭，鵝兒菜長麥齊腰。年年蹤跡同麋鹿，壯志將無向此消。

仝愼修德乎小飲池上

縱飲花間舊緑樛，醉餘徐步晚風醒。芰荷萬柄水平岸，蟋蟀一聲秋滿亭。灘遠燈明争捕蟹，波翻月碎亂流螢。相看俱是忘機侶，了不驚鷗卧野汀。

三、四極近許用晦。

到今出處兩無關，歲月如馳去不還。竟未爲郎羞白首，何曾買隱愧青山。市廛溷蹟真成腐，草澤全生好是閒。瞥眼去年牆下筍，緑筠又見點新斑。

三、四放翁勝場。渠雪律句俱極蒼勁，無呫囁之態，亦不入於粗率。

燈　花

忽將佳兆對人談，層累燈花結再三。向後心情聊借慰，從前占卜已深諳。世曾何殺才元少，人不能憂我獨堪。妄念痴腸成底用，但贏雙鬢白鬖鬖。

全似放翁。

早春

欲青未青柳滿川，欲紫未紫花含烟。醉餘緩步觸吟興，春在畫樓何處邊？

射蛟臺

武帝旌旗不再來，秋風瑟瑟射蛟臺。滄桑剩此如拳石，猶勝昆明是刼灰。

別有寄觸，非徒詠古。

錢　彝六首

錢　彝　原名特，字秉之，一字搏霄，號白渠，乾、嘉間歲貢生，有抱一堂詩鈔。

偕唐鐘鍠胡郭昕周熙載訪唐孝子勝萬

久聞唐孝子，一蓑守幽宅。繼母牽裾啼，兒瘦已如腊。霜露及貍蟲，侵肌劇矛戟。孤嫠更何倚，輕重兒自擇。長跪謝阿母，空山悵孤魄。兒身幸可依，諒無生死隔。日入護魑魅，日出藝禾麥。存歿兩無負，磽确如牀簀。阿母百年後，此心誓不易。好義胡郭昕與陳恩，醵錢挂片席。並致衾與絮，粗免伯桃厄。今日約同人，往尋苦塊迹。藉草訊平生，老稚咸嘖嘖。温清禮無違，志先形聲逆。遥指墟中烟，柏紅間茅白。呼童約之歸，鬅髮雙骭赤。樸諾謝無禮，不堪備主客。紀實待輶軒，庶勸一諷百。

孝子樸魯不知書，而至性過人，事載邑志。此詩述具崖略，讀者亦借以希仰矣。

陸望亭寫山水見寄

去年坐我蘆漪曲，萬里江流常濯足。今年置我巉巖中，天風萬壑酣笙鏞。一生來往谿山裏，披裘帶索日蓬虆。我欲結茅太華嵩，峩嵋西列扶桑東。倘逢仙媪分麥飯，從君五岳騎茅龍。

東潤生

我傍撈鰕渚，君鄰捕蟹洲。桃花芳十里，漁父有扁舟。破壁心源在，長空日月留。掃開千丈霧，風力待高秋。

贈胡坦齋

谷口移家鄭子真，軒然孤鶴立鷄群。不須奴問千頭橘，只有光騰萬丈文。花徑偶尋麋鹿侶，詩壇各斂鸛鵝軍。瓶笙拂處初推枕，笑倚蒼松看白雲。

内人生日

不效於陵却萬鐘，年來清况却相同。庭無槐葉炊難續，米罄桃花橐漸空。江鯉隊隨瓜蔓漲，萊衣香拂芰荷風。潑泉擬其中秋月，髩髻婆娑桂玉叢。

再遊浮山

山人一去留丹竈，我輩重來破緑苔。階下桃花曾映日，席間麈尾似驚雷。廿年主客隨雲散，千載心期共月來。倚杖天池纓自濯，山容鳥語一時開。

錢鑒三首

錢鑒 字步霄，號蘭村，乾、嘉間處士。錢氏家傳：『居東鄉灣漕，爲搏霄季弟。事親孝謹，父疾，衣不解帶者四十日。及父卒，遂以毁瘠成疾。』

留别左十三東山

昔侍高堂日，承歡未及辰。只今思養志，無復白頭人。余已慚爲子，君猶幸奉親。乘時供菽水，好補白華新。

詠古 十三首之二

霜枯塞草月如規，夜拍清笳雜鼓鼙。夫婿幾年三度易，人間惟有蔡文姬。文姬

降旗豎後別西川，落日空山響杜鵑。自入宋宮春滿袖，倚簾何必畫張仙。花蕊夫人

卷十一

王　㮨　徐　裕
方傳理　蘇求敬　同校

齊之鸞三十二首

齊之鸞　字瑞卿，號蓉川，正德辛未進士，官至河南提學副使、順天府丞。有南征紀行諸集。明詩綜系傳：『由進士改庶吉士，授刑科給事中，歷吏、兵二科。世宗即位，考察謫崇德縣丞，知長興縣，稍遷南京刑部郎中，以陝西按察僉事巡甯夏，升副使，改河南、山東，終河南按察使，有蓉川集。』明史本傳：『正德六年進士，官刑科給事中，諫花酒鋪之設及帝加「威武大將軍」之號，又諫帝巡邊及南巡皆不省。宸濠反，張忠、許泰南征，之鸞與偕。王守仁已滅賊，群小譖毀百端，之鸞力白其誣。初姓徐氏，至是復焉。世宗即位，疏諫，帝嘉納之。後謫崇德丞，轉甯夏僉事，進饑民所食蓬子，且言時事可憂者三、可惜者四，語極切至。後擢河南按察使，卒官。』方本庵邇訓：『齊瑞卿之先系自魏武甯王。瑞卿舉孝廉，魏國走金賀，瑞卿謝曰：「世遠人邈，傳載恐訛，不敢妄附。」遂更爲齊姓。正德間官給諫，江彬等誣王守仁通宸濠，命推問，上疏請以一家數口，爲天下第一人贖。朝論韙之。嘗於郵亭見族子傑，異之，曰：「後我一人。」又嘗奇族子遇，於丱角曰：「此神駒也。」後傑、遇皆成進士。分校省試，鄭端簡曉實出其門。』龍眠古文：『公救王文成公疏曰：「宸濠僭上，畜異志，積有歲月。遽爾舉兵，將謂大事可倖成，天位可力取。而王守仁仰仗神算，戮力擒之，遂使奸雄一旦失望，乃欲横加誣搆，指擒獲之人爲同盜。但王守仁忘身殉國，功在社稷，而爲仇人攀誣如此，將使英雄豪傑戒前車，國家緩急何以使人？」又陳民疾苦疏曰：「環慶而北，山城、萌城、隰甯、小鹽池等處，驕陽五年，赤地千里，畝無植禾，居人刈穫蓬，其類有綿蓬、刺蓬二種，皆可爲麵以食，饑人仰此爲命數年矣。臣因取蓬子麵自嘗啖之，苦惡辛澁，螫口貫心，嘔逆竟日。今將二蓬子封題賫獻御前。」又定聖志廣言路、清理蘆課各疏，互詳本傳。』朱彝尊静志居詩話：『蓉川在給舍最敢言，甯庶人造龍艘戲劇，結近習，邀帝南巡，圖謀不軌，行有日矣。偕刑給事寰、許給事復禮留駕。及康陵親征，又作回鑾賦以諷，且力白王守仁之誣，洵骨鯁之臣也。顧見容於康陵，不見容於永陵，何哉？至入西夏，封進蓬子，言國家可憂者三，可惜者四，斥及議禮大臣，并責永陵不能虚己，尤爲言人所不敢言。入夏諸詩山川險隘，誦之有如聚米，與尹僉憲耕并工。惜乎志邊關者未之及也。』四庫全書附存目録别集類：『齊之鸞蓉川集七卷。』江南通志：『齊蓉川奏疏二卷、入夏録一卷。』朱之蕃盛明百家詩選：『蓉川官給諫敢言，有用才也。詩多遒勁之氣。』汪可亭云：『公屬文藻麗而不尚奇澁，而語意新妙。

詩有一韻疊至數十首者，搜采奇崛，毫末不遺。他人多即難工，公有餘力矣。』錢田間集蓉川集序：『公爲給事中，諫南巡，幾死杖下。及備兵甯夏，經畧邊城，終明之世，屹然恃爲金湯。公詩文開吾鄉風氣之始。其爲詩精思果力，往往造語出人意表，大抵孤行其意，無所依附，即立朝之風節凜然可見。』吴客卿曰：『先生在甯夏，以便宜營花馬池，邊人至今祠祀之。詩文慷慨宏麗，類其爲人。』張太傅敦復曰：『業師齊古愚先生，其先世爲中山族人，後易姓齊，齊繩祖日高，祖在正、嘉間，正色立朝，遍歷中外，凡二百餘疏，其紀功、蓬子二疏載在史傳。』

甯州曉發

明詩綜選　御選明詩録

燈火啟嚴城，戴星行未已。夜來下絶坂，左右崇墉倚。昏黑迷前旌，時顧斗杓指。晨鷄登頓初，蒙昧〔一〕曙光紫。林泉〔二〕衍山巔，溪雲〔三〕行地裏。陂陀首乾龍，浮立土不滓。所以穴居民，患燥不患水。改邑視井泉，卑棲固其理。耕者百仞上，汲者千尋底。下山阻深溝，上山據高壘。四鄰守無虞，塞馬徒爲駛。民貧獨可憂，咸秦此唇齒。

地瘠民貧，所憂甚鉅。卒之荐饑已甚，而闖、獻二賊皆起於陝之西北，明社遂屋，詩意已見其端矣。

校記：〔一〕『蒙昧』，龍眠風雅作『險澀』。〔二〕『泉』，龍眠風雅作『原』。〔三〕『雲』，龍眠風雅作『壑』。

晚宿良鄉 明詩綜選

我行至良鄉，車駕已臨涿。官藏供億煩〔一〕，吏走威勢捉。人馬正饑疲，晚得粟一握。華館據高軒，敝廬聊破幄。階前樹却佳，緑葉未全剝〔二〕。獨坐新霽清，悠然念盤錯。自顧章句生，胡此擁矛矟？感時不成寐，起視明河數。月色忽半窗，枕上聞吹角。

校記：〔一〕『煩』，龍眠風雅作『繁』。〔二〕『剝』，龍眠風雅作『脱』。

龍門龕 明詩綜選

伊水出龍門，疏鑿爲〔一〕禹績。溪縈匯澄潭，雲斷劃絶壁。泛舟巡南厓，諸龕空翠滴。遠疑穴陶復〔二〕，近聽境寥閴。黄冠一人來，導我縱幽覿。何年驅鬼工，深窟〔三〕隱金狄。頎然丈六身，大小隨刓剔。旁有〔四〕鉦鼓鳴，愚氓〔五〕伺考擊。自從拓跋來，事佛轉成癖〔六〕。荒哉魏王泰，孝誠空爾激。不知文德賢，坤美符帝錫。天堂無則已，有則必登歷〔七〕。何事石上災，千古不可滌。毋乃託親名〔八〕，志祈潛奪嫡。欲爲生民主，先被河神溺。向使正儲位，亦終貽唐慼。經行慢誅心，期使來者愓。

校記：〔一〕『爲』，龍眠風雅作『惟』。〔二〕『穴陶復』，龍眠風雅作『民窑居』。〔三〕『深窟』，龍眠風雅作『穴堅』。句下有『刻劃開生面，精微神儻倜』。〔四〕『旁有』，龍眠風雅作『虛扣』。〔五〕『愚氓』，龍眠風雅作『響應』。〔六〕『自從』两句，龍眠風雅作『晉迷沿東都，拓跋陷愈癖』。〔七〕『天堂』两句，龍眠風雅無。〔八〕『毋乃』句後，龍眠風雅缺。

稠桑道中〔一〕

明詩綜選　御選明詩録

桃林蟠土山，谷入昧所出。地底無傍風，天際有中日。仰視耕穫人，轉折忽相失。仄登蟻緣枝，幽盤蠹閉帙。僕夫虞殞傷，反汗更股栗。伊予慕昔賢〔二〕，馭吏屢遭斥。徑盡躡河壖，黄流過箭疾。踰關勢彌雄，四騮奔馬逸。不知真宰意，何貴砥砫窒。汜濫民其魚，豈止桑田溢？三門中古開，神禹功誰匹？至今沮洳場，盡作秔稻窟。吾生髮半蒼，世路十〔三〕不一。及兹瞻華嵩，豁眼心神猳〔四〕。向來險遠虞〔五〕，兹晨憂〔六〕已釋。

校記：〔一〕『道中』龍眠風雅後有『望黄河』。〔二〕『伊予』句，龍眠風雅作『予將慕王尊』。〔三〕『十』，龍眠風雅作『才』。〔四〕『豁眼』句後，龍眠風雅有『太史嗜南遊，吾當分北軼。山川助英華，奚必恒近密』。〔五〕『虞』，龍眠風雅作『憂』。〔六〕『憂』，龍眠風雅作『蕩』。

沛縣謁駕夜歸

歌風臺下大風起，飛雲橋邊萬舟艤。夾道争看虎旅來，登舟一笑龍顔喜。紫花罩甲紅繡衫，五拜趨蹌望錦帆。月裹從官徒步散，填街鐵騎響金銜。

寫武宗禽荒如畫。

景州道中

景州水决桑園東，奔沙走石民田中。高黍離披總無實，低禾盡入河伯宫。豈惟禾黍頻傷〔一〕澇，行人不得遵周道。百里華騑半日程，紆回昏黑無〔二〕能到。安得位〔三〕置良有司，食民脂膏惜民痍〔四〕。蓄洩有備人熙熙，皇華使者亦相慶，拔足泥淖行坦夷。

校記：〔一〕『頻傷』，龍眠風雅作『傷頻』。〔二〕『無』，龍眠風雅作『何』。〔三〕『位』，龍眠風雅作『地』。〔四〕『惜民痍』，龍眠風雅作『恤瘡痍』。

報一竹給事兼簡棠陵秋官〔一〕

秋風將掃西湖潯，湖邊山色浄如漉。勝地曾經翠輦過，名崖多結高僧屋。渴心此日坐生塵，涓滴甘泉向誰沃？昨朝詩枉棠陵約，終宵〔二〕夢繞雲巖宿。淡烟錦爛芙蓉花，初日龍吟朽〔三〕檜木。何可長安居十年，不就此中耽〔四〕一斛。一竹田郎故好奇，新詩首首皆堪讀。便須策馬滌〔五〕煩襟，還擬臨流濯倦足。與爾便是同舟人，且上高山俯深谷。

校記：〔一〕龍眠風雅詩題作用韻報一竹給事西山之約兼簡棠陵秋官。〔二〕『宵』，龍眠風雅作『夜』。〔三〕『朽』，龍眠風雅作『杉』。〔四〕『耽』，龍眠風雅作『飲』。〔五〕『滌』，龍眠風雅作『拔』。

夜聞隔江虎聲作洲虎行

天用神龍地用馬，虎號山君甯〔一〕在野。咆哮乃至〔二〕江上洲，水深月白胡爲者？豈因渴吻奔洪流，饑逐孤豚過漁舍，連荻青青瀆〔三〕漲高，歸路冥迷誰則假？魚蝦瑣碎詎足〔四〕食，應知坎穽泥侵踝〔五〕。長空一嘯悲風來，隔渚蓬蓬〔六〕飛屋瓦。但恐虛聲賈實禍，技窮豫且扠挺〔七〕下。何如〔八〕掉尾涉清波，得到山〔九〕林即瀟灑。

豫且之憂，借題諷喻，旨遠情深。

校記：〔一〕『號山君甯』，龍眠風雅作『穴在山非』。〔二〕『乃至』，龍眠風雅作『静夜』。〔三〕『瀆』，龍眠風雅作『續』。〔四〕『詎足』，龍眠風雅作『不可』。〔五〕『應知』句，龍眠風雅作『罟獲兼虞泥沒踝』。〔六〕『蓬蓬』，龍眠風雅作『猶能』。〔七〕『扠挺』，龍眠風雅作『挺叉』。〔八〕『如』，龍眠風雅作『不』。〔九〕『山』，龍眠風雅作『雲』。

浦口曉發〔一〕

御選明詩録

三五星，短長亭。日光烹海赤，山色倒〔二〕江青。野燒林邊人劈〔三〕斧，秋濤霧裏客揚舲。

校記：〔一〕『發』，蓉川集作『行』。〔二〕『倒』，蓉川集作『飲』。〔三〕『劈』，蓉川集作『臂』。

擬古少年行

御選明詩録

馬首青絲絡，腰間百寶刀。旗捎霜葉下，箭拂嶺猿號。意氣輕儒吏，飛揚見爾曹。誰知杜武庫，談笑静江濤。

此當爲從征宸濠諸義子而作，杜武庫謂王文成也。

兖州官廨

院清亭有竹，節近菊無花。獨酌不成趣，微吟易感嗟。淒風吹樹急，細雨傍檐斜。秋色征車外，家園路正賒。

徐州飲王公濟侍御

早春京國别，此地笑言通。翠輦雲霓下，黄樓雨霽中。坐憐烟擁樹，歸待月生空。有客河東宿，招呼未肯同。

時方思道在河東不至。

書郾城縣臺壁　明詩綜選

長路淹炎日，馳驅損壯心。倦便雙柏坐，幽伴一蛩吟。嘉穀連河内，飛蝗度汝陰。經過見人樂，亦足豁煩襟。

邠州曉發　明詩綜選　御選明詩録

殘月征人早，州城奥窔間。呼船渡涇水，立馬望豳山。禾黍高低隴，烟雲遠近關。誰能渠白石，種稻滿[一]泥灣。

校記：〔一〕『滿』，龍眠風雅作『濁』。

郾城壁　明詩綜選

涇北山横絶，穿巖細路高。偏懸疑有麓，峻極乃平臯。嶺露催禾秉，溪風颯苧袍。憂勤見遺俗，無地立蓬蒿。

靈佑驛次毛東塘韻　明詩綜選　御選明詩録

江路盤山轉，頹垣此驛亭。寨雲風外白，畦菽露中青。烏雀無歸樹，驊騮不在坰。誰教心匪石？自信跡如萍。

清平驛坐雨　盛明詩選

紅城真出塞，且勿憶江干。曙雨飄沙急，秋風捲地寒。徼巡連戰格，旅道庇征鞍。制閫籌元老，能令聖慮寬。

三、四寫西北風景雄奇。

將至威武堡　三首之一　百家詩選

鹵泛春畦白，陽回臘麥青。山形戎夏共，渠利漢唐經。燕早花前乳，鶯遲雨後聽。客心淹冉冉，原〔一〕樹望冥冥。

校記：〔一〕『原』，龍眠風雅作『江』。

元旦次潘宗魯韻　明詩綜選

三朝待漏趨金闕，五拜瞻天散紫辰。官迹只尋常裏過，皇圖又十四回新。花邊劍珮明初景，塞外旌旗駐早春。安得封疆倚頗牧，坐紆北顧掃蜂屯。

烏江吊古　盛明百家詩選

往事追尋奈若何〔一〕，英雄空自棄〔二〕山河。東原〔三〕項地西劉地，内忽虞歌外楚歌。遺廟欲荒神尚烈，大江不轉恨難磨。寒盟却渡誰非是，故壘風雲長薜蘿。

『東、西』，項羽本紀節目，『虞歌、楚歌』在項紀拈出，極爲奇警。

校記：〔一〕『奈若何』，龍眠風雅作『感慨多』。〔二〕『空自棄』，龍眠風雅作『當日割』。〔三〕『原』，龍眠風雅作『纔』。

將至茌平　盛明詩選　明詩綜選

長途秋暮馬騑騑，風起塵高雉堞微。蟬到夕陽聲更急，樹經涼〔一〕露葉初飛。正聞老母平安信，兼喜中丞克捷威。揚策不知行色倦，欲沽村釀解征衣。

校記：〔一〕『涼』，龍眠風雅作『寒』。

謁范韓祠　明詩綜選

拓跋餘兇勢更張，二公相望屹金湯。一堂俎豆瞻遺像，萬古河山識巨防。賈策清時薪抱火，虞淵昏夜日重光。秋陰晝轉空階樹，恨入邊烽照朔方。

登太華山　二首之一

雲臺整屐玉泉過，積翠層霄引石蘿。輿軼蒼龍穿紫氣，手持白扇上青柯。河流縹緲懸飛練，盤路崎嶇眩轉螺〔一〕。鐵鎖半攀緣峭壁〔二〕，下方雷雨暝陰多。

登華每見下方雲擁，不然秦、晉、豫、蓟皆可極目也。

校記：〔一〕『河流』兩句，龍眠風雅作『三千里外籠飛練，十八盤頭逼帝窩』。〔二〕『緣峭壁』，龍眠風雅作『懸日月』。

臨城驛夜坐　百家詩選

晚城〔一〕悲角斂孤軍，遼絶滕徐候館分。樹杪月華清送柝，樓〔二〕前霜氣黯生雲。市無美酒重陽近，人望歸途客思紛。何事金陵千里地，棘闈消息尚無聞？

校記：〔一〕『城』，龍眠風雅作『風』。〔二〕『樓』，龍眠風雅作『兵』。

赤木裏口墩下憩坐　明詩綜選　御選明詩録

赤木空濛翠接天，懸車路杪下烽烟。須驅虎北憑金塔，更走龍南跨玉泉。青草谷中兼得水，白雲岩裏盡堪田。馳驅須〔一〕竭涓埃報，心苦三陲版幹前。

按：公僉甯夏，所到題詠甚多，如萌城句：『池涸四時烹窖水，天傾八月肅溪霜。』螺山句：『溪通澗谷方逢水，地近鹽硝半不毛。』花馬池句：『蔬徑潤含終伏雨，禾田青覆去年沙。』王澄堡句：『催歸水曲襜藍女，布谷林中浪稻車。』赤木山句：『碧草暗斑遺簇血，黄雲平覆戰場花。』寫西北荒凉之景，極爲精健。

校記：〔一〕『須』，龍眠風雅作『庶』。

過田州故城　明詩綜選

河外軍藩麥秀中，唐兵昔數朔方雄。韓公北築三城略〔一〕，至德中興一旅功。番刻勁銷春蘚碧，漢花穠映寺門紅。高雲不罩田州塔，水鶴歸巢戛暮空。

校記：〔一〕『築』，龍眠風雅作『輯』；『略』作『路』。

九日途次 明詩綜選

朔方三度重陽節，河曲千旌歲歲忙。鬓髮已甘塵路白，菊花猶見塞垣黄。中丞疏有回天力，太宰功無縮地方。雲外好呼南去雁，系書先爲報江鄉。

石松 御選明詩録

瘦根盤鴻濛，青枝傲霜雪。上有白雲巢，下有蒼蚪穴。

白雲巖 御選明詩録

烟霞起洞天，藤蘿封石室。娟娟峰上雲，冉冉巖中出。

渡　河　六言　《御選明詩録》

有意唱籌益粟，無神驅石修邊。四月黄沙入渡，雙旌紫塞三年。

儀真遵陸次諸家鋪壁間韻

小亭系馬看青山，芳樹人家淺水灣。回首東風生彩鷁，挂帆却羨祝郎閒。

將至雄縣書所見　四首之一

十載騎驢此地過，平原如掌半爲河。生魚活蟹來盈市，黍地桑田奈爾何？

齊　傑四首

齊傑　字士庸，號鷹山，嘉靖辛丑進士，官刑部主事，知贛州。《郡志》：『成進士，官南京刑部主事，秩滿，例得清要。有同年生屬所知諷之，拒不許，遂左遷。後出知贛州，清廉節慎，克盡其職。』

楚峰〔一〕

梵宇〔二〕凌空聳，霏微曉霧紛。禪林翻貝葉，僧榻暗巢雲。絡石泉痕細，平溪野黛分。臨風何處磬，天外數聲聞。

校記：〔一〕龍眠風雅詩題作梵峰。〔二〕『宇』，龍眠風雅作『岳』。

晚泊金陵

夕陽帆影落秦河，夾岸風花逐逝波。三月江天春雁少，六朝陵樹晚鴉多。計程白下憐萍梗，補屋青山想薜蘿。酒肆住人渾未解，流鶯時傍客船歌。

青山莊居

一勺泉供數畝田，薄收黍稻廣〔一〕長年。烟霞招我爲山主，風月隨人出社錢。半醒煮茶留客話，待〔二〕閒入寺問僧禪。漁舟莫遣迷溪路，漫説桃源洞有仙。

校記：〔一〕『黍稻廣』，龍眠風雅作『租穀度』。〔二〕『待』，龍眠風雅作『稍』。

春曉

獨掩樓扉隱几眠，老懷春暮怯啼鵑。悲歡歲月詩囊裏，今古乾坤酒幔前。花氣薰蒸三月雨，日光浮蕩九衢烟。年來莫笑生涯拙，只釣東湖縮項鯿。

齊近一首

齊近 字愛蓉，諸生，以子琦名貴，贈户部郎中。

旅中聞鵑

客路易含悽，偏聞杜宇啼。新聲横浦外，殘夢斷橋西。血染山花艷，春歸芳草萋。好隨遊屐去，切莫向深閨。

齊述一首

齊述 字士明，號柳峰，之鸞子，嘉靖間太學生，有柳峰集。

題黄山清隱卷

秀奪中原間氣幽〔一〕，青厓白岳〔二〕豈同儔？松風濤和琴書韻〔三〕，竹露清函〔四〕枕簟秋。屐路有時〔五〕來長者，草廬終欲傲通〔六〕侯。一塵不到〔七〕真佳境，攜手〔八〕何時汗漫遊？

校記：〔一〕「幽」，龍眠風雅作「優」。〔二〕「岳」，龍眠風雅作「石」。〔三〕「松風」，龍眠風雅作「風松」；「和」作「撼」；「韻」作「月」。〔四〕「竹露清函」，龍眠風雅作「露竹清涵」。〔五〕「屐路有時」，龍眠風雅作『山路無妨』。〔六〕『終欲傲通』，龍眠風雅作『還可傲王』。〔七〕『到』，龍眠風雅作『染』。〔八〕『手』，龍眠風雅作『我』。

齊遇一首

齊遇 字□□。嘉靖癸丑進士，官廣東按察僉事。按：越石先生四川鄉試録序曰：『歲戊午，上命臣主四川試事，臣祖之鸞、臣伯父僉事遇，兩備弓旌之役。』蓋自蓉川先生、僉事公及越石先生，皆嘗典試，惜未悉其科年也。

瓶梅

客况渾無奈，尋花當勝遊。偶從隣圃折，漫插小瓶幽。久對香逾逼，徐開影漸稠。珍憐同韻友，暫别幾回眸。

齊琦名三首

齊琦名 字越石，號群玉，萬曆癸丑進士，官紹興知府，有慕韓草。郡志：『琦名官户部，清屯粮鉅萬，有清屯紀略。其天資敏妙，可千言立就，而一字一句必經錘鍊。家居吟詠自如，不事生産。』

飲米仲〔一〕古雲山房

積想湛園勝，良宵快此尋。蟾光淹暝色，石氣散秋陰。顛合三生具，交從一往深。不知朝市裏，別自有雲林。

校記：〔一〕『仲』後，龍眠風雅有『詔』字。

寄贈王百穀　二首之一

相府推才子，清朝假逸民。黄金揮結客，白首不依人。隻字遐荒購，千函洞壑珍。江湖元浩蕩，詎必上星辰？

璈按：集有送陸從事赴遼陽詩：『御苑東風吹客過，畫看芳草有離珂。』云云。今見李滄溟集中。而皇明詩選、別裁集、明人詩鈔正集皆作李，故不録入。

元日即事

當年隨例祝元正，此日重闉隔火城。遥拜衮龍瞻瑞日，依稀車馬散朝聲。

齊萊名二十二首

齊萊名 字朱草，萬曆間諸生，有青莎館集。葉熺青莎館詩序：『齊子朱草，翩翩名家子，神情孤潔，而中年善病。病益奇而詩益工，人益幽。』邱兆麟序集曰：『朱草生平善病，酬應俱廢，而不廢詩。每當竹中松下，擊觸興觀之下，口諷手書，亟欲返其所見。當是時，軒冕之貴弗與易，賁、育之勇弗能奪也。今合觀其詩，天機迸發，而氣韻生動。若别攄其才質，以默赴前人之音節，亦冠裳佩玉，亦鶴氅綸巾，亦朱絃古瑟，亦龍笛鳳笙。其自挾甚大，自處亦高也。』張鍾陽序集曰：『朱草舅氏，淹蹇諸生，布袍蔬食，日與諸名士徜徉山水，牢騷之懷，抱膝長吟，以今人之情衍古人之法，清不傷致，艷不傷色，蓋在康樂、香山間乎！』許來惠集序曰：『朱草先生詩，其聲調高以壯，宏以麗，敲金戛石，燦然若文錦，而其玄言微致，引人入勝。文不掩其質，質不没其文。合王、孟、岑、杜爲一家，視古人之作者，何多讓焉。』

送員倩姪北遊有懷越石 御選明詩録

浮雲澹秋陰，涼飈振高木。素質發商聲，晚花霏餘馥。明發秣驪黃，成裝促童僕。燕趙多佳麗，驅策恣遐矚。送子遠將之，行行復彳亍。白日忽以沉，夕景曖平陸。霜馹漬臼紅，寒燈照酒緑。會日渺何期，別晷有成速。綣彼夢草人，吹篪不成曲。仰聽離鴻鳴，沉憂心轉轂。寄言畏途艱，勉旃慎自玉。

雨中集陳席之草堂 御選明詩録

衝雨貪幽賞，閒攜叩午堂。磵雲寒抱户，砌草緑齊牀。李綻初舒白，鶯穿小閃黃。高談雙耳熱，趺坐任徜徉。

偶成

築徑栽桃杏，圍欄長薜蘿。林深團露重，亭敞受風多。河朔幽人飲，滄浪孺子歌。前溪回暝色，一鷺界青莎。

泊觀音港

纔脱籃輿苦，孤帆坐石尤。風鈴喧寺塔，漁火綴隣舟。落日千巖雨，寒江二月流。十年飄泊恨，此地復淹留。

望金陵

瘠馬驅還却，金陵睇不遥。江山高王氣，臺榭勝〔一〕前朝。燕掠城頭雨，人穿樹裏橋。大堤春月柳，濯濯向人驕。

校記：〔一〕『勝』，龍眠風雅作『剩』。

壽吴客卿太史〔一〕　五首之一

圖懸五岳卧中看，直作烟霞老籜冠。禪榻木魚歸後課，石渠金馬舊時官。竹間饌客厨烟碧，花外迎僧夕照殘。聞道東山勞聖主，可容强起下蒲團？

校記：〔一〕『太史』後，龍眠風雅有『先生』二字。

送張鍾陽出守撫州

含香夙向星辰近，輯玉新從水國過。挂席彭湖秋雨歇，停杯皖日暮雲多。賦凌匡嶽芙蓉色，政聽〔一〕漁陽麥秀歌。十二諸侯君上郡，青春出守意如何？

校記：〔一〕『聽』，龍眠風雅作『擬』。

晴

舟居數日多風雨，昨夜嚴寒忽放晴。石貌水紋生氣色，汀花岸柳弄鮮明。漁翁曬笠撑船出，山鵲梳翎踏樹鳴。萬舸揚帆齊伐鼓，霍然旅病覺身輕〔一〕。

校記：〔一〕『霍然』句，龍眠風雅作『饒他病骨也應輕』。

劉未沫許携姬招飲〔一〕

書來昨日邀今日，起坐朝陽又夕陽。石路輕雲供曳杖，花亭細雨洽飛觴。豈憐病骨衝泥怯，故掩柴關看竹妨。餘興晚來應不淺，肯燒銀燭〔二〕出紅妝。

校記：〔一〕龍眠風雅詩題作劉未沫許携馮姬招飲竹圃向晚不至走筆戲柬。〔二〕『燭』，龍眠風雅作『蠟』。

夏日村居　六首之一

半畝村塘景物饒，暫將生計付漁樵。日暄荇藻添魚子，雨潤階除長藥苗。宛轉曲房通細路，參差野樹出平橋。凭欄夕照千峰外，百道霞光應接驕。

其二句：泉烹蟹眼防茶老，香爇龍涎引榻清。其三句：欵户幸無結駟客，攤床時有换鵞書。

夏日村居　二首之一

市遠晨眠嚣不通，夢回窗日試初紅。開軒烟裊孤村外，傍〔一〕杖禽鳴萬竹中。溽暑乍收穿澗雨，微凉忽動隔林風。桐陰匝地猧兒睡，三三五柴門坐老翁。

此中有真意，欲辨已忘言。

校記：〔一〕『傍』，龍眠風雅作『倚』。

懊儂歌　四首之一

憑欄夜候歡，望歡歡不來。安得如春風，時時入歡〔一〕懷？

校記：〔一〕『歡』，龍眠風雅作『儂』。

夜夜曲　御選明詩録

月澀燭無光，蟋蟀鳴牀下。夜半繡衾寒，霜落鴛鴦瓦。

子夜歌　四首之一

儂似池中藕，歡如瓦上霜。日出霜不見，藕斷絲復長。

采菱歌　御選明詩録

䲶舲向清潭，渡口風正急。日暮采菱回，烟沉秋水碧。

溪　上　御選明詩録

藤陰覆溪屋，鈎簾遠岫青。焚香净石几，小繭寫黄庭。
薄暮倚牆東，小桑四五樹。溪女踏青回，低頭不肯顧。

贈吴體中中丞　四首之一

暫解簪纓寄水雲，黄冠白氎謝塵氛。星階静卧銅牙弩，霞閣閒搜寶笈文。

夏日東園遣興 三首之一

丹蕖碧藻漾波蘚，石島空虛竅竅圓。盆水日暄魚子長，錦鱗齊出撥紅泉。

蟬 御選明詩録

曲曲朱欄橋畔[一]攲，藕花樹[二]裏水流澌。長堤高柳蟬聲[三]急，帶却斜陽過別枝。

校記：〔一〕「畔」，龍眠風雅作「半」。〔二〕「樹」，龍眠風雅作「村」。〔三〕「聲」，龍眠風雅作「吟」。

七夕嘲聞不[一]

薰殘螺甲月西流，閒却鴛鴦繡枕頭。天上年年猶七夕，人間能得幾回秋？

校記：〔一〕龍眠風雅「不」後有「句」字。

錦帳詞贈程寅之〔一〕　六首之一　御選明詩録

臂綃擊得下妝〔二〕臺，錦帳芙蓉並蒂開。霞净一天清似水，黄姑昨夜渡河來。

校記：〔一〕龍眠風雅詩題作錦帳詞戲贈程盈之六首。〔二〕「妝」，龍眠風雅作「樓」。

齊策名二首

齊策名　字□□。

遊浮渡　御選明詩録

山面疑從水面分，丹崖碧樹氣氤氲。闢開石竇深銜月，岩捲晴湍半入雲。池湧金蓮浮石出，笛横洞口隔溪聞。欲將一笠烟霞老，常伴山中麋鹿群。

飲黄石環齋 御選明詩録

路轉村塘卜築深，參天古木盡森森。花亭鬭局風聲細，石嶼張尊草色侵。忽散浮雲窺檻霽，何來片雨入樓陰。酒酣遮莫催歸騎，扶醉看余倚杖吟。

齊鼎名十四首

齊鼎名 字重客，之鸞孫，邑諸生，有蒯緱集。潘蜀藻曰：『先生屢試不遇，因遨遊四方，名流倒屣，嘗曰：「人生於世，目當飽天下佳山水，臂當接方隅賢士夫，勿負此七尺也。」所著有姓史五十卷。』

雜詠

吾愛鴟夷子，霸越遊五湖。所至營千金，將無行李污。吾慕魯仲連，功成賞不居。蹈海耻帝秦，飄然雲興孤。烈士自有心，俱全足〔一〕其軀。悲哉雲夢後，待烹何其愚。

漂母哀王孫，望報非所思。浣女憐英雄，仗劍决其疑。蘇秦敝黑貂，嫂不爲之炊。買臣未爲守〔二〕，生妻請去帷。貧賤士之常，知遇胡可期？舉世尚皮相，促促奚〔三〕所之。

校記：〔一〕『全足』，龍眠風雅作『足全』。〔二〕『未爲守』，龍眠風雅作『昔未貴』。〔三〕『奚』，龍眠風雅作『靡』。

登嶧山　四首之一

策杖度岩巒，星辰掌上看。丹爐黄葉合，碧殿白雲寒。夏〔一〕貢孤桐老，秦碑小篆殘。振衣凌絶巘，選石坐盤桓。

校記：〔一〕『夏』，龍眠風雅作『禹』。

燕子磯晚眺

孤櫂殘霞外〔一〕，危岩倚杖登。湖聲連鐵甕，雲氣護金陵。燕掠江邊壘〔二〕，烏啼樹裏燈。六朝歌舞地，猶自説山僧。

校記：〔一〕『外』，龍眠風雅作『引』。〔二〕『壘』，龍眠風雅作『雨』。

上巳前一日清明飲燕及南莊

舊隱南塘處，新營更可憐。翠深楊柳岸，香滿菜花田。曲水先修禊，村酤不禁烟。醉歸幽興暢，纖月馬頭懸。

送趙生遊武夷

爐頭拚醉酒頻賒，一曲離歌日又斜。何處憐才無地主，暫時分手即天涯。大王臺上雲爲幕，玉女峰頭雪作花。最是閩南名勝處，莫將遊屐老烟霞。

澹居山人訪予即席賦贈

山人閉關天目，忽至宛陵，脱湯太史於難，復入燕臺爲之昭雪，訪予於胡虞部署中，感其俠氣尚存，賦此以贈。

遁跡孤峰老歲華，偶然飛錫向天涯。遠公夢冷蓮花漏，季布身藏廣柳車。宛水風波平指顧，薊門風雪洒袈裟。看君劍術遊三昧，袖裡明珠轉自嘉。

登岱 四首之二

躡屩東來上〔一〕岱宗，青天一壁削芙蓉。懸空飛瀑晴沾袂，度壑浮雲莽蕩胸。漢祀尚留司馬草，秦封猶見祖龍松。由來帝座通呼吸，昏黑還登日觀峰。日湧扶桑海色丹，峰高四月晚猶〔二〕寒。天門縹緲三千界，鳥道紆回十八盤。無字碑深春草繡，曝經石冷雨花殘。倦來濟勝渾無具，欲向仙人覓羽翰。

校記：〔一〕『上』，龍眠風雅作『禮』。〔二〕『猶』，龍眠風雅作『偏』。

將赴胡虞部燕臺之約惜别吴太史

春草萋萋烟樹迷，同心何事又分離。身閒有約〔一〕遊禽夏，母在無田隱介推。坐上雨花堪自樂〔二〕，客中風木獨〔三〕增悲。縱教主誼堅如石〔四〕，無那天涯髩欲絲〔五〕。

校記：〔一〕『約』，龍眠風雅作『岳』。〔二〕『堪自樂』，龍眠風雅作『君自落』。〔三〕『獨』，龍眠風雅作『我』。〔四〕『縱教』句，龍眠風雅作『縱令地主交如石』。〔五〕『無那』，龍眠風雅作『那得』；『髩』作『鬢』。

辛巳初度

畫圖披對意茫然，此去於今廿八年。滿眼孫曾催鶴髮，驚心鼓角助狼烟。戴逵難戀山中隱，蘇晉長逃醉裏禪。猶〔一〕喜故交霄漢上，詩筒尚自達〔二〕江邊。

校記：〔一〕『猶』，龍眠風雅作『獨』。〔二〕『尚自達』，龍眠風雅作『猶不阻』。

豫讓

漆身吞炭事〔一〕堪悲，意氣由來國士知。自是報恩疏劍術，可憐空擊趙襄衣。

校記：〔一〕『事』，龍眠風雅作『最』。

范增

鴻門玉玦不勝情，從此君王事〔一〕遠征。骸骨歸來秋草裏，漢家分醢過彭城。

亞父以功不成而全骸骨，韓、彭以功成而受葅醢。比事而觀，感慨深矣。

校記：〔一〕『事』，龍眠風雅作『獨』。

禰衡

懷中一刺向誰投？千載空留鸚鵡洲。芳草萋萋江水濶，思君懶上仲宣樓。

齊登祚一首

齊登祚 字贊皇，萊名子，崇禎時布衣。

伯兄草堂成詩以落之

一塵翁在日，爾我髮齊眉。記立荼蘼架，教題芍藥詩。短芽新接屋，荒砌舊穿池。廿載家門事，回頭重所思。

齊登閎三首

齊登閎 字理侯，琦名子，早卒。

秋閨 二首之一

已識征人苦，翻驚朔吹時。明河催鵲駕，纖月黯蛾眉。寶靨慵無那〔一〕，疏燈影自疑。歸期何處〔二〕卜，瓜苦正離離。

校記：〔一〕『那』，龍眠風雅作『力』。〔二〕『何處』，龍眠風雅作『難預』。

贈豐城譚端甫

子虛賦手舊登臺，新識遊邛司馬才。一榻古今高士重，雙龍風雨大江回。尊開海月排空上，歌動風雲擁户來。莫向秋聲悲故國，客中猶有弟兄杯。

送教宗歸終南

蕭然一鉢卧南山，翠壁蒼苔意自閒。欲覓高踪何處是？白雲千載在秦關。

齊登元二首

齊登元 字君前，天啟間諸生。

故鄉思

春風吹客衣，春花發高樹。陌上有紅粧，行行不復顧。遊子久飄零，等彼狂飈絮。出亦無所之，入亦無所附。遥望桐山雲，雲山〔一〕千里路。有友不可招，雙鯉空將去。有家不可問，孤夢忽相遇。蕭條發長嘆，展書生遠慕〔二〕。起向閒亭中，悠悠成獨步。

校記：〔一〕『雲山』，龍眠風雅作『山雲』。〔二〕『遠慕』，龍眠風雅作『憂趣』。

即事

楚水吴江十日潮，旌旄百道翳雲霄。飛鴻失路悽中澤，司馬連營護小喬。橐滿金錢軍色壯，野無烟火哭聲遥。可憐冠蓋〔一〕繁華地，不見男兒挽佩刀。

將兵者，徵歌選色，以金錢爲壯，時事可知！

校記：〔一〕『蓋』，龍眠風雅作『帶』。

齊心孝七首

齊心孝　字君求，號未孩，天啟壬戌進士，官翰林院編修。朱竹垞詩話：『太史賦詩無多，與女郎沙蘭英、章文玉定情，一物相貽，拳拳叩叩，宜其爲情死也。』

初至爽園

閒雲舒素朝，爽氣麗初旭。緩步自城隅〔一〕，放意〔二〕西山曲。俯窺尋幽蹊〔三〕，高臨展遐矚。芊眠藉晚芳，檀欒蔭深緑。鳥弄管絃音，泉振琤琮〔四〕玉。煩襟託勝區，持此遺暑溽。

規撫謝公，音節俱合。

校記：〔一〕『緩步』句，龍眠風雅作『英英出榛莽』。〔二〕『放意』，龍眠風雅作『待我』。此句下龍眠風雅有『賞心自疇昔，放意何局促』。〔三〕『俯』，龍眠風雅作『幽』；『幽』作『曲』。〔四〕『琤琮』，龍眠風雅作『琮琤』。

納涼作

雨歇空山夜，高館有餘清。涼風起襟袖，嗒然坐前楹。天宇浄若洗，皎鏡月初生。林端衆鳥静，草際孤螢征。方此謝塵累，適我幽谷〔一〕情。

校記：〔一〕『谷』，龍眠風雅作『居』。

牡丹亭次坡公韻

東坡把筆東風時，東風散入東坡詩。東坡一去何時返？東風千載空相知。山水清音無窮已，琴操如花悵已矣。我來亭上溯〔一〕風流，烟雨茫茫愁萬里。

校記：〔一〕『溯』，龍眠風雅作『吊』。

山齋雨後

信風調麥候，涑雨急梅天。几席侵嵐氣，房櫳澹竹烟。階前群潦集，樹外一泉懸。兀兀過清晝，棲遲託地偏。

爾雅：『暴雨謂之涷。』江南梅夏急雨最多，二句奇確。

翠微寺分得依字

日坐西山之翠微，泠泠拂拭黄金徽。音高暗逐閒雲度〔一〕，曲盡還看衆鳥依。正喜開樽邀竹韻，何來曳杖叩荆扉。故人多事猶憐我，始信年來病懶非。

校記：〔一〕『度』，龍眠風雅作『遠』。

答女郎沙蘭英章文玉貽鴛鴦枕

御選明詩録

含情少婦倚銀釭〔一〕，繡罷鴛鴦日滿窗。解得世間離别苦，故將好鳥織成雙。

校記：〔一〕『銀釭』，龍眠風雅作『紅缸』。

宿益堂

閒邀明月過仙家，網户沉沉暗碧沙〔一〕。去日濃陰渾不改，可憐新發斷腸花。

古詩：『昔日芙蓉花，今爲斷腸草。』或謂芙蓉根，即斷腸草。

校記：〔一〕『沙』，龍眠風雅作『紗』。

齊　程五首

齊　程　字遯玄，原名維程，一字子安，崇禎末處士，早卒。潘蜀藻曰：『壬午春，吾桐兵賊交訌，大姓多盡室南渡。遯元搶攘圍城，每登陴東望，痛哭失聲，作望南畿諸臺官詩，卒後詩什蕩然，僅得於友朋口述者録之。』郡志：『程好讀離騷，窮研樂府，所爲詩，多漢魏之音。卒年未三十，時人擬之王勃、李賀云。』

喜周農父歸里

鼓檝乘潮幾度秋，故鄉〔一〕何事一淹留？長江夢去玄〔二〕猿斷，芳草人歸白鶴愁。湘水有靈雲不散，秦庭猶在淚難收。高歌一曲同君醉，南北風烟滿戍樓。

渭南集中慷慨之作。

校記：〔一〕「鄉」，龍眠風雅作「園」。〔二〕「玄」，龍眠風雅作「孤」。

雜詠 三首之一

日出東南蓑笠違，補牢無計牧羊肥。槖中薏苡原難載，山上蘼蕪又苦饑。皓首尋盟當世少，素紈臨別贈君稀。淵明乞食羞重跰，醉卧昏昏試掩扉。

柬默公

陳子英風凌古賢，濯纓同我向清泉。沙飛隻影何勞射，壺載中流不肯眠。漢有鼓狼皆列宿，琴無宮徵莫調絃。自來惠問石交者，懷袖殷勤非一年。

望南畿諸臺官

漢家天子定宸居，萬里關山負璽書。黃道百年留虎帳，弋綈當日下鑾輿。彝門北向心猶在，長老西都賦已虛。多少材官承重地，飄摇風雨未應疏。

金陵在明猶漢之西都，飄摇風雨，其爲國本，慮者何人也！

鍾陵淮水海門通，吴楚烟波一望中。鐵鎖夜銷寒浸月，戈船朝跨浪回風。裲襠戰士歌江北，刺繡明姝怨大東。漢使節符曾不至，逍遥河上立奇功。

戰士逍遥，無復督之擊刺，雖長江天塹固，於投鞭斷流也。

篳路〔一〕艅艎泛海長，九州輸貢渡維揚。桂山曾見珠璣重，越國空傳翡翠香。未有青苗供御府，但增赤仄〔二〕擁貂璫。飛沙野鬼都枵腹，甯作侏儒侍武皇。

侏儒飽欲死，而戰士至枵腹，南都貢奉盡入貂璫，雖增賦預征，如國計何？

薊〔三〕門露布出天山，邊〔四〕騎猶窺瀚海灣。狐嶺口〔五〕斜吹篳篥，龍堆月冷照〔六〕刀鐶。空教折柳穿金甲，不分調脂點玉顔。中外艱虞誰底定？征人白躅幾時閒？

時流寇猖獗，邊事倥傯，中外時勢如此，留都諸臣起而任之，蓋亦難其才矣。

健兒十萬瀟湘道，征馬嘶來帶寶鞍。臘月羽書鴻影斷，轅門風雪劍花寒。毒狼有血誰消渴？壯士無纓未整冠。幸有漁陽今刺史，出車獨願斬樓蘭。

謂史道鄰先生。獻寇自楚來下，屢躪桐城。當日提兵馳救者，獨一史閣部，故幸其有也。

太傅榮歸宴錦棚，衮衣高照滿皇京。四朝錫命三丞府，九載司綸萬里名。破斧莫辭霖雨會，鼓刀須慰大風情。故園陶穴天王地，元老還須達聖明。

時何文端亦避地金陵，鼓刀破斧，枌榆望切，故當達之朝宁也。

校記：〔一〕『路』，龍眠風雅作『輅』。〔二〕『但增赤仄』，龍眠風雅作『幾增榷税』。〔三〕『薊』，龍眠風雅作『燕』。〔四〕『邊』，龍眠風雅作『鹵』。〔五〕『口』，龍眠風雅作『日』，是。〔六〕『冷照』，龍眠風雅作『照冷』。

古意

風前一笑舞袇襠，何處花飛白紵長？只道盈盈樓上女，未曾十五嫁王昌。

齊岳十首

齊岳 字方壺，原名維岳，邑諸生。

桂樹〔一〕歌

有桂有桂群檜中，皮皴幹老枝葉叢。凡卉歇後始一發，上映月宇〔二〕生香風。望之甚偉比四皓，峩峩勁節東園公〔三〕。烽火廿年猶對此，應有神物庇〔四〕其躬。烽烟衝〔五〕天密如布，老夫跬〔六〕步失歸路。前村蘭若古道場，積水成川飛白鷺。眼見古〔七〕佛銷爲兵，又看英雄堆〔八〕古墓。如何灰燼塵霧中，猶剩東隣五桂樹。

校記：〔一〕『樹』，龍眠風雅作『子』。〔二〕『宇』，龍眠風雅作『殿』。〔三〕『峩峩』句龍眠風雅作『峩峩又復如三公」。〔四〕「庇」，龍眠風雅作「護」。〔五〕「烽烟衝」，龍眠風雅作「塵烟滿」。〔六〕「跬」，龍眠風雅作「寸」。〔七〕「古」，龍眠風雅作「鐵」。〔八〕「堆」，龍眠風雅作「成」。

早秋示稷下姪

秋色到隆中，梧桐一葉風。樹喧蟬始至，梁静燕初空。曳杖青門長〔一〕，吟詩〔二〕白髮翁。有醪須早蓄，計日看丹楓。

校記：〔一〕「長」，龍眠風雅作「客」。〔二〕「吟詩」，龍眠風雅作「長吟」。

懷兒子當如

四歲雛兒慧，頭顱與岸〔一〕平。喜陪佳客至〔二〕，兼識古人名。幾載依鄉國，今年别帝城。寄書何日到，乾鵲定先鳴。

語樸意摯，不勝舐犢之情。

校記：〔一〕「岸」，龍眠風雅作「案」。〔二〕「至」，龍眠風雅作「坐」。

九日〔一〕泊檀莊

來日已苦黃梅雨，舟行又泊重陽風。塵沙滿地逼牛馬，虛空吼勢驚魚龍。蔽眼每厭塞北路，有夢即對江南楓。安得長風走〔二〕萬里，赤脚直上天台峰。

拘律健勁，似山谷之學杜陵。

校記：〔一〕龍眠風雅「日」後有「舟」字。〔二〕「走」，龍眠風雅作「破」。

鐵嶺秋懷

衰草柴門一徑斜，此中羈我逝〔一〕年華。魂歸楚社〔二〕車千里，月上茅檐雪萬家。未有尺書來鳳闕，漫淹高士卧龍沙。白頭貧困兼消渴，但剩空囊貯紫霞。

小城迤〔三〕北荆榛處，故老傳言五國城。衰草盡〔四〕陰聽鬼哭，長河月照起龍鳴〔五〕。百年幾見山川異，千載虛聞漢水清。歎息〔六〕興亡遺蹟在，可堪〔七〕空老舊劉生。

極目蒼涼倍黯然，淡〔八〕雲疏雨送秋天。草生岐路思千里，花落寒岩計一年。誓死有心明〔九〕白水，耐愁長夜有〔十〕青氈。夢回綿薄知霜重，怕聽隣鷄到枕邊。

七律數首，足與嘉、隆諸子並驅，具見家法。

校記：〔一〕『逝』，龍眠風雅作『坐』。〔二〕『楚社』，龍眠風雅作『故國』。〔三〕『迤』，龍眠風雅作『城』。〔四〕『盡』，龍眠風雅作『晝』。〔五〕『起龍鳴』，龍眠風雅作『吼龍精』。〔六〕『歎息』，龍眠風雅作『幸有』。〔七〕『可堪』，龍眠風雅作『不然』。〔八〕『淡』，龍眠風雅作『瘴』。〔九〕『明』，龍眠風雅作『投』。〔十〕『有』，龍眠風雅作『補』。

瓜圃〔一〕

種豆不如瓜，瓜垂常五色。郎行瓜始生，郎歸瓜堪食。

校記：〔一〕龍眠風雅詩題作夜閱高季迪先生集有杏園瓜圃菊蹊梅塢四題與伯兄共拈四絶。

梅塢〔一〕

雪飛花已芳，雪消花未落。瘦影照冰輪，皎皎雙白鶴。

校記：〔一〕此詩爲夜閱高季迪先生集有杏園瓜圃菊蹊梅塢四題與伯兄共拈四絶之一。

齊維藩七首

齊維藩 字价人，號復齋，崇禎壬午舉人，官台州知府。梁佩蘭曰：『桐之士大夫比户讀書，以故文人叠起。其主持壇坫，爲海内宗匠，如方藥地、錢飲光、齊价人，往往多遊於粤，作爲詩歌。』璈按：齊氏自蓉川先生後，聯翩科第，其所爲詩均能按切聲律，發揮才思，後先軌躅，翕然雅音。雖專集罕有流傳，而就選本中各録數首，亦足見齊氏之世學，而蓉川先生之遺教不衰也。

古戰場

剛風捲乾沙，上天成黄雲。蒼莽〔一〕一千里，不辨牛羊群。高者山，陷者窟〔二〕。黄者茅〔三〕，白者骨。積者骸〔四〕，飛者髮。魂與魄先辭，骨與肉復離。惟餘愣愣衆〔五〕枯骸，雨淋〔六〕日炙洗出霜雪姿。白日荒荒何處所〔七〕，白骨起戴髑髏語〔八〕。卿宰逃回營石椁，天子桐棺薄如楮。掖垣胔骼積如林，何况野死扞疆圉。哀哀古戰場，白骨紛阿梁〔九〕。白骨已暴露，魂其歸故鄉〔十〕。

中段奇景真情，楚騷國殤寫未及此。

校記：〔一〕『蒼莽』，龍眠風雅作『黄雲』。〔二〕『高者』兩句，龍眠風雅作『高者風推沙爲山，陷者風旋沙爲窟』。〔三〕『茅』，龍眠風雅作『蘆』。〔四〕『骸』，龍眠風雅作『骨』。〔五〕『椤椤衆』，龍眠風雅作『椤椤數』。〔六〕『淋』，龍眠風雅作『打』。〔七〕『何處所』，龍眠風雅作『無人馬』。〔八〕『白骨』句下，龍眠風雅有『東華掖垣嵛骼塲，豈但暴露予與汝』。〔九〕『哀哀』兩句，龍眠風雅作『人憐白骨古戰場，我看白骨分河梁』。〔十〕末句，龍眠風雅作『河梁上馬敢深入，幾營全軍歸故鄉』。

安得

安得山中住，爲生十畝桑。停勻調寢食，節嗇用年光。土屋朝暾暖，陰棚六月涼。庶幾學堯老，想像已羲皇。

成都有桑八百株足以自贍。農桑故是治生本業，不獨感時而發，如魏風『子還子逝』之意也。

閲潘鱗長所著宋史因送其往練暆

難語時人因好我，如斯下酒豈徒然？昌黎不敢言修史，司馬應知書必傳。楓樹淺深殊野色，寒鴉向背點荒天。霜螯露蓄俱肥旨〔一〕，何事蒼皇〔二〕練水船？

宋史蕪冗特甚，後之删定者無慮數十家。今惟柯維騏之宋史新編、邵經邦之宏簡録、錢士升之南宋書刊行於世耳，潘之所撰未知與錢、柯長短，亦已歸之無何有之鄉矣。

校記：〔一〕此句龍眠風雅作「霜螯紫蟹肥初美」。〔二〕「蒼皇」，龍眠風雅作「忙呼」。

寄和馬正誼詩訊

君詩起卧一高歌，荒徑三春雨裏過。壯不如人今漸老，情隨年少酒偏多。上游策或咨洵美，下澤車翻御伏波。每夢讀書連席處，小軒蔆桂鳳山阿。

「情隨年少，酒因境多」，王僧孺語，以此對燭之武語，天然雋永，不可思議。

將夕偶成

薄宦久留如作室，江南風俗亦相隨。封茶〔一〕造醬争三伏，種竹栽花玩〔二〕一時。河漢影流烏鵲樹，梧桐葉重鳳凰枝。不妨艇過推萍梗，静愛疏星落澗池。

三、四最似陸渭南。

校記：〔一〕『茶』，龍眠風雅作『荼』。〔二〕『玩』，龍眠風雅作『管』。

題畫

萬樹千峰黤黯〔一〕間，平橋野水撼柴關。何人木末樓頭坐？風雨來時響衆山。

校記：〔一〕『黤黯』，龍眠風雅作『黯黮』。

還里口號

鴻雁無家春並〔一〕歸，登堂燕子傍人飛。滿頭戴〔二〕得江湖雪，認是桐山老布衣。

校記：〔一〕『並』，龍眠風雅作『也』。〔二〕『滿頭戴』，龍眠風雅作『頭顱帶』。

齊繩祖九首

齊繩祖　字念修，琦名孫，順治諸生，有疏軒遺稿。潘蜀藻曰：『念修性疏略，不合時宜，工行草，法繕尺素皆爲人寶惜，詩多不起草，成輒逸。遺稿乃其子賢于卒後，得之于皋城門弟子云。』

聞蜀藻將入秦中賦此寄憶

在家苦匆遽，希得上君堂。及到羈旅中，思君不能忘。家季昨書來，云將治遠裝。孤客正懷舊，聞此心益傷。君才本騏驥，久宜快騰驤。乃今悲偃蹇，負粟走雍凉。雍凉名勝地，奇情悉〔一〕翱翔。得金應滿篋，得句應滿囊。顧君好閒居，能勿憚途長。懸知言邁日，專待捧霞觴。與君近著詩，冬歸期互商。豈意同心人，倏可〔二〕天一方？石經齋頭菊，紛披爲誰芳？轉計入秋來，兵燹振〔三〕江鄉。撫時宜念亂，須臾殊〔四〕滄桑。行止〔五〕或未定，躑躅遥相望。

校記：〔一〕『悉』，龍眠風雅作『恣』。〔二〕『可』，龍眠風雅作『爾』。〔三〕『振』，龍眠風雅作『震』。〔四〕『殊』，龍眠風雅作『變』。〔五〕『止』，龍眠風雅作『否』。

蚤發

向北風偏勁，争程未曉驅。星光辨岐路，霜氣透重襦。蹴起煩行侶，宵餐就僕夫。飛鴻備〔一〕辛苦，能飽稻粱無。

校記：〔一〕『備』，龍眠風雅作『歷』。

哭方井公　五首之一

交締〔一〕枌榆舊，惟君閲歲深。絳紗同侍几〔二〕，白水幾盟心。雁序驚中斷，龍文竟陸沉。思家方拉淚，聞此益霑襟。

校記：〔一〕『締』，龍眠風雅作『結』。〔二〕『几』，龍眠風雅作『講』。

即事示諸子

北風吹處滿〔一〕狐烏，把酒憑軒意興〔二〕孤。未雨誰深桑土計？憂天翻笑杞人愚。世情自合招兵燹，吾輩何堪繫有無？所慮軍書紛道路，一廛未許寄江湖。

校記：〔一〕『滿』，龍眠風雅作『盡』。〔二〕『意興』，龍眠風雅作『興亦』。

憶弟

六年旅食三逢困〔一〕，七度辛盤四別家。賴率諸孫除墓草，應憐孤客頌椒花。開筵〔二〕惟喜親猶健，對鏡驚看鬢有華。總爲稻粱謀不易，頻教鴻序滯〔三〕天涯。

校記：〔一〕『逢困』，龍眠風雅作『年閏』。〔二〕『筵』，龍眠風雅作『械』。〔三〕『序滯』，龍眠風雅作『陣各』。

謁竇公祠步江向若先生韻

重圍勢欲孤城破〔一〕，身死〔二〕能令一邑存。爲向西山瞻廟貌，因懷高義動乾坤。當年蜂蟻屯何〔三〕在？異代牲牢〔四〕道益尊。竊怪簪纓希報稱〔五〕，將軍曾未〔六〕受殊恩。

江之漢竇公傳：『竇公，諱成，蜀人，防將廖應登之卒也。廖領兵遇賊，劫應登與成去。賊欲挾成招降，以四卒夾刃迫成至城下，成見城上人乃大呼曰：「賊粮且盡，今穿城皆石骨，諸君慎勿降賊。」卒錯愕，遂刃之，至死罵不絕聲。俄援兵至，城賴以全。成死在崇禎壬午十一月。邑令張利民目其事，乃建祠立主於桐西書院，俾桐人歲時奉祀。』按：傳爲向若先生作，載於龍眠古文，其原韻詩殆無遺編矣。

校記：〔一〕『重圍』句，龍眠風雅作『崇禎壬午城幾破』。〔二〕『身死』，龍眠風雅作『一死』。〔三〕『蜂蟻屯何』，龍眠風雅作『從賊人安』。〔四〕『牲牢』，龍眠風雅作『知君』。〔五〕『簪纓希報稱』，龍眠風雅作『受恩無報者』。〔六〕『曾未』，龍眠風雅作『寧獨』。

龔孝積初度

去歲茲辰正北歸，入林猶與所思違。霜天隻雁方求侶，春水閒鷗得並飛。捉鼻無言行有待，遐心自笑遯難肥。當筵不必辭深飲，伯仲稱觴廿載稀。

濡須道中

底事遨遊倦未還，留眸到處是溪山。風〔一〕如列障紅千樹，河僅容舠碧一灣。背面人家環水静，成群鵝鴨抱村閒。菟裘此日堪遺〔二〕世，豈似挑源問渡艱？

校記：〔一〕『風』，龍眠風雅作『楓』，是。〔二〕『遺』，龍眠風雅作『逃』。

別王蜀隱

賣賦同居辭宅里，衝寒我更走江邊。諸侯争識相如重，一榻誰因孺子懸？談橘坐間惟暫適，撫桐爨下每交憐。菟裘得似蜧〔一〕磯穩，歸釣還耕下潩〔二〕田。

示徐仲子句：『畫鷁隨風翔遠水，饑烏迎雪噪同雲。』宜城句：『郭外三江縈縞練，望中九子簇芙蓉。』

校記：〔一〕『蜧』，龍眠風雅作『蛟』。〔二〕『下潩』，龍眠風雅作『潩水』。

齊永繩一首

齊永繩　字維木，邑諸生。

李士雅歸自粵東

嶺海遊人患難歸，聲音依舊〔一〕面龐非。眼邊尚有桃花淚，身上愁看貝葉〔二〕衣。爲説摘瓜〔三〕居貢水，可憐炊白過彭磯。頻年多少〔四〕蒼涼事，恐惹〔五〕鵂鶹白晝飛。

喪亂後歸來，又復喪子殞妻，何以爲懷！

校記：〔一〕『依舊』，龍眠風雅作『雖是』。〔二〕『愁看貝葉』，龍眠風雅作『俄被衲子』。〔三〕『摘瓜』，龍眠風雅作『喪明』。〔四〕『頻年多少』，龍眠風雅作『許多骨肉』。〔五〕『恐惹』，龍眠風雅作『鬼哭』。

齊永建一首

齊永建　字建侯，崇禎末諸生。

板子磯有感

猶存斥堠委荆榛，曾駐當年細柳營。擐甲豈能標赤幟？援枹空説請長纓。中流尚有真飛將，西上何須老步兵？朝議若教同戮力，磯頭不用築孤城。

齊亮一首

齊亮 字然四，諸生，有吴門遊草。

張相如招同令及彦昭諸子集飲

城隅搆得好園庭，手植松筠曲徑青。常道宦遊虛畫閣，豈知官舍似玄亭？百年古木盈階緑，一沼芳蓮入座馨。多病馬卿疏間久，今朝重得共談經。

齊敕一首

齊　敕　字稷下，維藩子，崇禎末諸生，早卒。

懷友

記得速鉛〔一〕席，論文日幾過。那堪寸草〔二〕淚，灑向落花多。貧甚猶耽酒，愁深每抱疴。碧峰〔三〕銜皎月，情切〔四〕附松蘿。

校記：〔一〕『速鉛』，龍眠風雅作『連君』。〔二〕『寸草』，龍眠風雅作『遊子』。〔三〕『峰』，龍眠風雅作『山』。〔四〕『切』，龍眠風雅作『在』。

齊翰一首

齊　翰　字自公，布衣。

赤　壁

載酒重來問〔一〕勝遊，共探仙迹上江樓。清風依舊吹芳草，明月何人泛小舟？萬頃白波〔二〕涵碧落，千尋赤壁控黃州。故園遥指寒雲外，上下波光日月〔三〕浮。

校記：〔一〕『問』，龍眠風雅作『續』。〔二〕『白波』，龍眠風雅作『楚江』。〔三〕『月』，龍眠風雅作『夜』。

齊文龍一首

齊文龍　字莊士，號瑶峰，雍正間諸生。

懷　友

華堂一别隔雲山，多少相思旦暮間。樹底鶯聲連日鬧，梁頭月色五更還。酒無知己難成醉，夢爲懷人不得閒。但佇王孫乘興至，好清花徑啟柴關。

齊備二首

齊　備　字華清，號敘軒，乾隆初諸生。

秋夜懷友

兀兀不相見，清秋别思賒。賞花人載酒，彈鋏客無家。地上看霜白，風前變物華。倏然此身世，自分等匏瓜。

夜　泛

碧天如洗晚凉秋，湖上披襟適泳游。會得一時清味永，風生水面月盈舟。

齊彝生一首

齊彝生　字聽伯，號性庵，乾隆間諸生。

野望

極望長空迥，蒼茫遠樹微。月光隨水湧，山勢挾雲飛。曠野晴烟盡，空林獨鳥歸。可堪風驟起，石磴欲相依。

齊輪焱二首

齊輪焱 字鼎臣，號倣陶，嘉慶間諸生。

秋夜

幽齋群籟寂，秋色望中沉。松際月光淡，竹間雲氣深。斷烟孤客夢，流水故人琴。檻外頻傾酒，涼風吹我襟。

山雨

眾峰松盡偃，萬壑鳥驚回。忽聽寒溪響，不知山雨來。蒼烟低古屋，宿霧定飛埃。村墅俱流水，巖扉夕未開。

卷十二

徐　寅　蘇惇元
吴元甲　徐　軺　同校

吴　檄九首

吴　檄　字用宣，號皖山，正德辛巳進士，官至陝西參政，有兵部集。明詩綜系傳：『用宣由進士除襄陽推官，入官户部主事，歷武選郎中，出爲湖廣參議，轉山東、雲南副使，終陝西參政。有皖山集。』江南通誌：『檄少有氣節，初授襄陽推官，决疑獄，賑民饑，綽有能聲。官武選郎，有萬奭以邊功議遷職，檄曰：「法斬首二百升一職，今奭尚未滿八十。」竟弗予遷，以力沮劉。民譽襲爵外補，清介之操始終如一。』方明善邇訓：『用宣諸生時，余德輝已爲臬使，有餽德輝金者，受之。用宣爲書陳不可受之義，懸余門，德輝亦作書明可受之義以答之。』静志居詩話：『王道思官司封郎，爲當國者所不悦，謫判毘陵。嘉靖乙未三月，朝士出餞于海淀者八人，唐順之應德、陳束約之、張元孝少室、李遂邦良、李開先伯華、熊過叔仁、吕高山甫，其一則用宣也。海淀在阜成門外，其地爲張昌國園林。昌國罹禍之後，亭臺悉圮，諸公置酒爲之不樂，惟用宣詩先成，所云『絃管不隨流水散，綺羅應化白雲飛』也。夏桂洲聞之，遂劾元孝、遂二司官無事漫遊，竟下獄，七人者相次罷謫，惟用宣幸免耳。蓋桂洲娼嫉甚於分宜。觀伯華海淀詩序，則異日西市之禍，朝士未始不爲之快意矣。』天乙閣書目：『吴兵部集一卷，明舒州吴檄撰。嘉靖十七年西蜀蔣芝序。』方達卿曰：『用宣巖巖峻絶，其爲詩思致清新，詞鋒警麗。蜀人蔣芝讀兵部集曰：「言達者實茂，足爲大雅赤幟。」』

過涿郡

孟冬過涿郡，雨雪何其雱。寒風雖云烈，流塵淨周行。崇朝策疲馬，忽至帝城旁。帝城日以近，鄉路日以長。所思在丘隴，瞻眺在〔一〕高岡。同雲蔽千里，朔風爲飄揚。遵〔二〕途窮澤國，神往來無方。徒懷竟何益？但使情内傷。

校記：〔一〕『在』，龍眠風雅作『登』。〔二〕『遵』，龍眠風雅作『遡』。

春日憶張子言

北宛花千樹，春深不共看。素琴彈水曲，黄鳥和林端。爾鬢吟中白，吾顔酒後丹。東風倘相惜，迢遞促歸鞍。

滴珠岩 浮山志

神龍遵地起，萬壑轉虛無。留雨天門上，千秋瀉玉壺。高霞縈素錦，爽籟散明珠。並坐苔邊石，流音繞四隅。

春日 明詩綜選 御選明詩録

黄鳥鳴高樹，春聲滿鳳城。憐余長作客，聞此倍含情。何處步芳草，出門逢友生。東風隨杖屨，迢遞晚山晴。

霍邱訪胡公擇

尋君指河滸，山郭忽相逢。舊宅〔一〕惟秋菊，開花間古松。時傾一杯酒，不改十年容。醉卧辭余去，柴扃霧已重。

校記：〔一〕『舊宅』，龍眠風雅作『敝舍』。

西　原〔一〕

清時薛夫子，岩居長閉門。著書多暇日，種竹已盈園。我繫燕山馬，同傾栗里樽。不辭秋色暮，對酒〔二〕接高論。

後漢薛君字夫子，薛敬軒亦稱夫子，考功以議大禮謫，歸養高丘園，亦不愧二君矣。

校記：〔一〕『原』後，龍眠風雅有『園中』二字。〔二〕『酒』，龍眠風雅作『雨』。

過茌平哭叔羽〔一〕

明詩綜選

南歸曾得蜀中書，道爾平安守故廬。茌縣忽聞摧折久，草堂翻恨往來疏。家貧妻子應難給，歲晚明儔日已虛〔二〕。都下送君成永訣，忍看詞賦哭相如。

校記：〔一〕龍眠風雅詩題作甲午冬過茌平聞吴叔羽癸巳五月卒哭之。〔二〕『虛』，龍眠風雅作『孤』。

移居城東柬田兵部

歲晚天涯歸未定，卜居東傍鳳凰城。烟霞不散紅塵色，日月遥懸滄海情。退食琴書歡自展，中宵鼓角夢還驚。丹丘司馬坊西舍，策騎時勞問友生。

春日過張侯園亭

五侯台榭競芳菲，三月花深車馬稀。絃管不隨〔一〕流水散，綺羅應化暮雲飛。空聞玉饌分天府，曾睹金葩捧御闈〔二〕。借問樓前桃李月，由來此地幾人非。

校記：〔一〕『隨』，龍眠風雅作『從』。〔二〕『闈』，龍眠風雅作『幃』。

吴　倖二首

吴　倖　字仕富，號素修，嘉隆間處士。延陵詩鈔系傳：『公託興吟詠，往往以詩紀事。晚年樹槐於庭，自號緑槐主人，爲詩曰「自愧花黄無事業，三公留與後人封」。四傳至廷尉公應琦，若操左券焉。』潘蜀藻曰：『公屹然子墨之林，又善〔以智〕脱人於難，時有詩壇郊島、里社良平之譽。』

送趙先生〔一〕

送客長亭怯曉寒，離愁十斛壓雕鞍。丁寧别後相期處，開到薔薇好共看。

校記：〔一〕龍眠風雅詩題作途中次韻送趙先生行。

懷吴先生

空山舊雨戀晴雲，鎮日門無迎送人。緑樹窗前慣飛鳥，不知春去尚啼春。

吴自峒二首

吴自峒 字伯高，號石蘭，檄子，嘉靖壬戌進士，歷官右通政。郡志：『自峒待詔翰林，充裕王講官。穆宗即位，以東宫舊屬再擢太常少卿。自峒與張居正寮好，及居正柄國，絶不與通。居正卒，朝議交章薦，卒不起。』方達卿邇訓：『或問吴伯高何如其父，曰：「用宣巖巖峻絶，伯高温温恭人。泰山喬岳足鎮紘維，璞玉渾金亦珍几席。」其爲士林仰止一也。』

駕幸九龍池

羽蓋乘春集，龍池愜帝遊。地疑三島勝，泉是九江流。淑氣蒸黄柳，思波蕩白鷗。春風回輦處，歌吹繞瀛洲。

峽山曉起

隔林清磬漸無聞，已有晴暉映瀫紋。掃徑不妨留鶴迹，開門只許到鷗群。寒峰獨透千層雪，野水雙鉤一抹雲。手啟香函看宿火，碧霞裊裊古花文。

吴一鳳一首

吴一鳳 字鳴治，號儀亭，嘉靖間諸生。

雨後登東岩

雨過山光淨可憐，奇峰擁簇酒杯前。坐中迴列〔一〕仙人掌，檻外驚開大士蓮。百丈烟蘿垂絶壁，數聲鐘磬入諸天。岩頭宴坐心如水，醉卧〔二〕還同蘇晉禪。

校記：〔一〕『迴列』，龍眠風雅作『疑豎』。〔二〕『卧』，龍眠風雅作『眼』。

吴一卞一首

吴一卞 字元和，一介兄。隱居不仕。

遣懷 八首之一

早荷青蓑出，晚驅黄犢歸。平生樂耕稼，沮溺常相依。細雨桃花豔，輕烟菜甲肥。草堂聽燕語，如訴隔年違。

吴一介一首

吴一介 字元石，號菲庵，嘉靖丙辰進士，官至河南布政使。江南通志：『桐故無城，一介與盛汝謙倡議以建，桐人立祠祀之。』郡志：『廣東賊卞豹等屠電白，有詔舉邊材，京兆尹畢鏘疏薦，遂由屯田郎監南越軍，至則選將卒，授方畧，擒卞豹，降賊數萬。』方達卿邇訓：『吴元石生平未嘗俯仰人，嘗曰：「自有官以至致仕，無一日不可罷休。」時以爲名言。』李樂見聞雜記：『余爲淦令，巡道憲副吴公一介轉大參行。余隨俗贐以十金，公艴然曰：「先生賢者，焉得以此污我！」余退自愧悔，因歎世未嘗無人焉。』

萬杉寺 廬山志

寺額何年賜，莊田幾處留。萬杉連杳靄，一鉢自清修。香界旛微動，石泉珠競流。昭陵遺德在，梵祀重千秋。

吴應琦三首

吴應琦　字景韓，號玉華，萬曆甲辰進士，官南大理寺卿。江南通志：『應琦以御史巡按滇南，擢南大理卿，致仕歸，卒年八十二。』潘蜀藻曰：『公巡滇，沐黔國世鎮兹土，公不爲姑息，蠲貢金，銷鹽課，罷進象，免協濟，吏習民安。及巡三輔，官豎斂迹。鉤黨禍起，公獨以退居不與。』龍眠古文：『公請蠲滇中貢金疏，極爲剴切。又崇祭議，爲延陵祠祀不易之典，可爲世法。』張文端集吴氏譜序：『麻溪吴氏遷桐至四世，枝派蕃衍，分爲東西股。其東股則有方伯公、宫諭公、司馬公；其西股則有廷尉公、黄州公，蟬聯而起，代著偉人。』

滇中有懷

南詔春深暮雨昏，懷歸畏有簡書存。三年鐵面行荒服，萬里冰心答至尊。永夜衰親頻入夢，何時稚子一迎門？龍眠櫻笋聞無恙，短褐黄冠是主恩。

滇回住峽山山莊

數峰相對澗流長，萬里歸人滿鬢霜。舊壘燕來巢未改，新疇雨過稻生香。苦吟賴有陶潛酒，薄宦原無陸賈裝。六詔風烟身歷盡，如今丘壑任徜徉。

峽口芙蓉一徑幽，溪邊蓑笠信風流。甘爲屈蠖看遊鹿，謝却乘驄好飯牛。老去閒情消白日，山中逸興在清秋。從兹北闕書休上，數畝瓜田學故侯。

吴應賓十七首

吴應賓 字客卿，號觀我，萬曆丙戌進士，官編修，加左諭德，有學易齋集。明詩綜系傳：『由進士，改庶吉士，授編修。天啟初以理學召，不赴。加左春坊左諭德，兼翰林院侍讀。門人私謚宗一先生。』周農父宗一先生謚議曰：『公生而少孤，繼母程非所自出，事之以孝聞，伯仲間怡怡如也。行古之道，以祀其先，以敦於族。自起家太史，歷官四十餘年，定跡深棲，方伯所遺無毫髮增也。八因一疏有惓惓君國之思。爲古文辭，取檀弓、左氏、漆園、两漢、魏、晉而熔鑄之，豈古所稱懸解者耶？』潘木厓曰：『先生嬰目疾告歸，俾人誦所未讀書，輒辨其訛脱。爲詩文，宿胸臆間，口授子弟録之，所著有學庸、釋論、南餘草。』龍眠古文：『方公大任薦同里三賢疏曰：「翰林編修吴應賓妙年登第，擢爲史官，以目疾絶意仕進。其操履芳潔，制行端嚴，孝友篤于家庭，信義孚於鄉黨，所著宗一聖論、性善解足以正人心，砭習俗。」』

朱邑

金穴多驕癡，俛仰歸他人。螭首爲山梁，芻狗當誰陳？嗇夫老悖翁，易簀勞桐民。伏臘二千年，了不知雲礽。

桐在北宋前，有稱司農朱氏者，如載上、新仲皆邑裔也，宋南渡隨過江，又遷鄞，今莫可考矣。

感興

明詩綜選

雨氣澹將夕，木末〔一〕明殘霞。流芳惜餘姿，宛轉歸泥沙。物化一以遷，歡樂爲咨〔二〕嗟。根株既不定，無乃空中華。渺然念獨往，浩蕩隨無涯。

校記：〔一〕『木末』，龍眠風雅作『疏竹』。〔二〕『咨』，龍眠風雅作『吁』。

李公麟

居士龍眠圖，丹青妙天下。盡道畫如真，不知真亦畫。有時寂住峰，側耳浮山話。誰云履半穿？天遊卧清暇。

月夜登金山絶頂〔一〕 四首之一

月色映江流，孤峰水上浮。龍門開寶地，蜃氣出飛樓。心與雲千里，山如海一漚。人間原出世，何處不瀛洲〔二〕？

校記：〔一〕詩題龍眠風雅作月夜同諸子登金山絶頂因乘夜浮舟北渡四首。〔二〕『何處』句，龍眠風雅作『天游卧清暇』。

春日過體中城南素業〔一〕　八首之一

自愛小山隱，何妨碣石殘。遠峰兼霧起，空翠帶花看。半吐龍光紫，微生蜃界寒。主人含秀色，指點勸加餐。

校記：〔一〕龍眠風雅『業』下有『登山子』。

題張洪陽閒雲館　明詩綜選　御選明詩録

賦就張平子，飄然獨草亭。回環一水緑，高下萬山青。避世曾金馬，焚香對石屏。只疑雲霧窟，長護太玄經。

浮　山

驚濤回〔一〕澓湧爲岑，閣道氤氳海藏深。東嶺磬聲西嶺出，上方香氣下方尋。山雲水石年年活〔二〕，壇月松風夜夜心。三十六巖何處是？空餘殘局待知音。

紫霞關有仙棋枰，故結末云然。

雲峰隱約千年寺，蘭若蕭條六代名。挂錫有龕禪窟冷，布金無地寶階平。碧桃翠竹閒清晝，虎穴龍湫鎖化城。水月道場聲色裏，誰能端坐學無生？

校記：〔一〕『回』，龍眠風雅作『漩』。〔二〕『活』，龍眠風雅作『話』。

乾林先生神室　二首之一

谷口先生此息機，丹丘石閣擁高扉。山中玉粒〔一〕和雲擣，月裏金苗帶雨肥。客夢欲醒千日酒，仙遊初試五銖衣。翩翩羽翰扶摇上，會見龍光入紫薇。

校記：〔一〕『粒』，龍眠風雅作『粟』。

宿地藏寺 九華山志

中天樓閣彩雲生，天際芙蓉似削成。萬壑松濤翻玉殿，千山竹露滴金莖。浮屠自挂飛龍影，石洞猶存伏虎名。莫道西來復西去，慈航已自泛蓬瀛。

禮地藏塔 九華山志

倚仗峰頭踏九華，瓊宫倒影入青霞。年年芳草王孫路，處處靈山佛子家。静覺慈雲生塔院，晴看香霧惹袈裟。欲知不壞身無住，雨過前山日又斜。

登東巖 九華山志

晏坐東巖自息機，空中翠色麗荆扉。檐前玉笋真堪摘，樹底清泉不見飛。拂袖乍疑鞭石去，振衣應待御風歸。憑誰悟得無生理，撒手懸崖事已非。

别九華山

踏碎蓮花路不迷，出門長嘯楚天低。青山送客忘三笑，綠樹隨人過五溪。洞裏烟霞晴自散，雲邊鐘鼓鳥空啼。殷勤更上層台望，怪得群峰似掌齊。

三、四極其自然，非徒穩切。

哭蕭提扶　二首之一

誰云分手易前期？遠道於今不可思。酒態已隨嵇叔盡，交情獨許范卿知。十年江海論心地，千里悲風入夢時。不用含悽題恨賦，篋中猶有送君詩。

遊仙詩　二首之一

海天東去是瀛洲，羽翰翩翩恣遠遊。衣重五銖雲自暖，舟輕一葉水初秋。丹台日射黄金鼎，玄圃風清白玉樓。吹徹洞簫銀漢曉，蔚藍花發五城頭。

送李給諫句：『醉後白雲聊共語，閒來黄鶴傍人飛。』壽體中句：『貔虎散來還載鶴，鯨鯢靖後更降龍。』家兄移居句：『尺地暫爲家食伴，寸田常作耦耕人。』

宫　詞

歌塵纔散舞衣閒，冷看春風幾度還。流出上林多少葉，不曾題字到人間。

萬方頻送天顔喜，五色祥烟動衮龍。争得監宫〔一〕來引出，暫時隨例作昭容。

校記：〔一〕『宫』，龍眠風雅作『官』。

吴應珙二首

吴應珙　字景孟，號東巒，天啟間武舉，有求存室詩稿。延陵詩鈔系傳：『公少折節爲儒，久困童子科，遂棄去，讀兵法，挽弓躍馬，意氣自豪。崇禎間舉武鄉試。子用鐸，天啟丁卯武解元，早卒。』潘蜀藻曰：『景孟所爲詩豪放自喜，多魁壘用壯立功萬里之思。』

燕邸下第有感

太平何苦獨從戎？贏得身家兩處窮。吳地有人悲夜月，燕台無客振秋風。千金郭隗名雖在，一飯田文事已空。寄語故鄉諸弟子，好書丁字莫持弓。

春　閨

昨日鄰家女伴過，相將邀我鬭青荷〔一〕。久拚薄幸無消息，一任宜男是汝多。

校記：〔一〕『荷』，龍眠風雅作『莎』。

吳叔度二首

吳叔度　字勿銘，號青芝，萬曆丙辰進士，官黄州知府。延陵詩鈔系傳：『公，仲沔公之子，初官工部，榷杭關，杭人鐫榷政編，以紀其績。知黄州，黄梅盜起，公單騎往諭，即解散，黄人至今祠祀之。後由光州，再入爲工部郎。』潘蜀藻曰：『公嘗左遷知光州，光故族父一介舊治，循聲茂績，後先暉映，人稱大小吴公云。』

入黄州

五馬春星帶日華，頻呼父老問桑麻。江黄剽習難爲吏，琴鶴輕裝易挈家。濡筆近摹孫〔一〕氏帖，登樓好看雪堂花。懸知政静多休暇，卧讀離騷懶放衙。

校記：〔一〕『孫』，龍眠風雅作『蘇』。

别黄州

海門濤湧接扁舟，攜得詩瓢自唱酬。寒碧野棠留縞帶，竹樓新雨别黄州。秋莼宜味三餐穩，滄海人情百折流。莫怨軒鴻飛去疾，公麟有約在林丘。

吴善謙三首

吴善謙 字伯亨，號黄嶺，萬曆己酉舉人，官南監察御史。郡志：『任台州推官，台州佻難治，又巡海諸軍伍，以糧餉不時譟，善謙任事，兵與民兩安之。』潘蜀藻曰：『公爲台州推官，著平反、緒餘二録。及居言路四載，疏凡三十餘上，諤諤敢言，皆有裨國是，引年歸卒，年七十七。』

憶天台雁蕩

五載霞城輟簿書，桑州卓嶼一肩輿。玉京敲竹陰森曉，古寺觀濤瀑練舒。石罅寒泉吹澗壑，崖前清露滴襟裾。歸田忽憶曾遊地，悔未桃源早卜居。

楊白花

二月春光好，楊花歷亂飛。清明風漸至，飄泊更何依？義重猶難信，情多休浪誇。願郎心事定，切莫學楊花。

吴廷簡一首

吴廷簡 字籲三，號樸隱。萬曆間諸生。

宿練潭對月

村店主人舊相識，殷勤扶我下車揖。貰酒纔傾三五杯，茅檐忽見〔一〕月光入。月映澄潭素影寒，野風吹徹客衣單。須臾酒盡月光盡〔二〕，醉卧焉知行路難。

校記：〔一〕『見』，龍眠風雅作『訝』。〔二〕『光盡』，龍眠風雅作『亦暗』。

吴用先九首

吴用先 字體中，號本如，萬曆壬辰進士，官至兵部尚書、薊遼總督。有寒玉山房集。

明史孫承宗傳：『承宗督師駐寧遠，言總督督師，可勿兼設，並請以遼撫駐寧遠，而廷臣言總督不可裁，乃命吴用先督薊遼以代象乾，時天啟二年也。』郡志：『初命臨川，均賦平役，民懷其德。及告歸，置義田，建宗祠，族人至今頌之。』潘蜀藻曰：『公巡撫四川時，播爲蜀患，公督大將劉綎討平之。督薊遼，建防禦十策。璫禍作，遂致仕歸。所著有周易筏語。』朱彝尊静志居詩話：『孫承宗三十五忠詩，首趙尚書南星、高總憲攀龍，内有左僉院光斗、吴總督用先。』璈按：公集罕有傳本，其周易筏語亦未著録，惟龍眠古文載有星隕示異、地震異常等疏。

重九雨阻勝遊酌家芙蓉閣

荏苒秋云暮，零雨何淒清〔一〕。佳序當九日，攜酒家園亭〔二〕。敞閣暢玄覽，清歌發妙音。瞻霄仰候雁〔三〕，窺川俯遊鱗。馨香摘蘭蕊，斟酌浮〔四〕菊英。雖阻賓朋集，聊與骨肉親。林泉有真意，且用〔五〕薄榮名。

取徑蕭選，妙臻自然。

校記：〔一〕『零雨』句，龍眠風雅作『霜露忽淒零』。句下有「片雲挾雨飛，寒風肅肅生」。〔二〕『攜酒』句，龍眠風雅作『虚負登高情。謀婦具杯酒，攜向家園亭。佳樹牖中列，鳳臺階下陳。』〔三〕『瞻』，龍眠風雅作『仰』；『仰』作『聽』。〔四〕『浮』，龍眠風雅作『泛』。〔五〕『且用』，龍眠風雅作『吾欲』。

八功德水

聖水多靈異，香生泛沼蓮。樓臺三界上，松柏六朝前。徑曲花空〔一〕敞，山深石磬〔二〕懸。維摩與大士，説法尚依然。

校記：〔一〕『空』，龍眠風雅作『宫』。〔二〕『磬』，龍眠風雅作『室』。

得湯義仍書答之

不見維摩十數年，毘耶丈室想安禪。故人離索誰堪語？白日蹉跎只自憐。芳訊入懷珠滿牘，清詞協曲〔一〕舌生蓮。與〔二〕君交誼陵千古，楚水吴雲思渺然。

校記：〔一〕『清詞協曲』，龍眠風雅作『琅函展誦』。〔二〕『與』，龍眠風雅作『如』。

秋影亭

金鳳下一葉，月光不可掃。幽亭堪據梧，閒雲過飛鳥。

嚴瀨 釣台集選

一著羊裘問水濱，烟波幾載卧江津。漁竿自分青山老，懶得彈冠向故人。
睥睨乾坤何所知，半枝青竹半綸絲。數行口授西曹語，莫道君房今不癡。
鼓枕鼾聲御榻連，幾回清夢鎖雲烟。那知一夜驚星斗，踞足狂奴猶欲眠。
行藏瀟灑出塵埃，却駕安車歸去來。千古客星高日月，肯將姓字列雲台。

春日署中有感

半百浮生歎轉蓬，客窗無語對東風。春光不管人頭白，楊柳青青花又紅。

映發殊妙。

吴用鐔一首

吴用鐔 字聖生，處士，有效顰集。

懷浩庵大兄

彈鋏歸來卧敝廬，水天寥闊〔一〕正愁予。恨無鸞鳳堪垂翼，空有鱗鴻不寄書。親老難爲知己用，才微自與故人疏。登舟若發山陰興，掃徑時時望鹿車。

校記：〔一〕『寥闊』，龍眠風雅作『闊絶』。

吴用鈐八首

吴用鈐 字士衡，應琦子，崇禎間廕生，官内閣中書。

孫隨印學博魯山少司馬王願五太史陳默公樞部家湯日水部朋尊相邀看披雪洞瀑布歸經默公滌岑樓泥飲達曙即席口占併寄披雪主人盛雪樵上林

巨靈怒試〔一〕劈山手，鐵壁雙開萬仞陡。中有銀河一線通，鎮日常〔二〕作蛟龍吼。雪洞峰頭〔三〕芳樹多，猿猱〔四〕接臂數經過。復有珍禽喚儔侶〔五〕，蔽葉窺人如擲梭〔六〕。野色禽聲〔七〕相與劇，涼風款款催遊屐〔八〕。別墅濃蔭樂事賒〔九〕，況過〔十〕玄龍樓百尺。主人愛客客忘還，顧曲敲棋夜月閒。殘醉未醒新醉續，登城更望隔城山〔十一〕。

校記：〔一〕『試』，龍眠風雅作『展』。〔二〕『鎮日常』，龍眠風雅作『靜日只』。句下龍眠風雅有『瀑布那從人世來？披雪只應天上有』。〔三〕『雪洞峰頭』，龍眠風雅作『峰頂峰腰』。〔四〕『猿猱』，龍眠風雅作『老猿』。〔五〕『復有』句，龍眠風雅作『珍禽無數難名狀』。〔六〕『如』，龍眠風雅作『似』；下有『爆竹一聲驚却走，前路況復喧笙歌。羈人旅思消何處，狂嘯爲君傾叵羅。』〔七〕『野色禽聲』，龍眠風雅作『暝色寒烟』。〔八〕『涼風款款』，龍眠風雅作『罡風陣陣』。句後龍眠風雅有『金勒玉鞭馳後先，別墅濃陰森肘腋。』〔九〕『別墅』句，龍眠風雅作『濟勝之具喜有餘』。〔十〕『況過』，龍眠風雅作『競上』。〔十一〕『登城』句，龍眠風雅作『城裏重看城外山』。句後末二句龍眠風雅有『却憶披雪洞中樵隱者，曷爲匿影峭蒨菁葱間？』

贈鍾伯敬儀郎

生平傾倒處，只在楚雲邊。沽酒憑文價，看山損俸錢。每揮名士麈，時共孝廉船。深幸延陵子，頻來問草玄。

峽山道上口占

十里峽山道，山陰定不〔一〕如。朝嵐相映發，竹樹暗扶疏。怪石迂前路，奇雲隔後車。桃源疑〔二〕此地，吾欲〔三〕老樵漁。

校記：〔一〕「不」，龍眠風雅作「弗」。〔二〕「疑」，龍眠風雅作「即」。〔三〕「欲」，龍眠風雅作「意」。

寄淝水令熊公遠

豫章才子江陵俊，鞭弭相從憶昔年。屐倦石頭同作客，舄飛金斗獨疑仙。已知白雲輕城壁，還許清風折俸錢。爲問鎮淮樓上月，可容分照到龍眠？

訊耿獻甫師

不知絳帳近如何？戎馬年年轉徙多。家比仲容惟犢褌，人同甫里只漁蓑。惜陰亭上書堪曝〔一〕，避世牆東角欲〔二〕歌。門下貴人今秉鉞，斜封白絹慰烟蘿。

校記：〔一〕「書堪曝」，龍眠風雅作「攤書曬」。〔二〕「角欲」，龍眠風雅作「扣角」。

金陵懷古

一曲歌殘王氣銷，臨春春盡草蕭蕭。軍書床〔一〕下函仍閉，鐵騎城中槩已調。玉璽騾驚歸北國，美人猶自說南朝。賞心亭畔孤魂在，寒雨淒風自寂寥。

隋師破陳，於後主床下檢出警報，猶緘封如故，南疆荒淫前後一轍。

校記：〔一〕「床」，龍眠風雅作「席」。

燈花

剔將燈蕊去，莫遣傍妝台。如何虛報喜，不見阿歡來？

蓮花〔一〕

新枕繡紅蓮〔二〕，雙花垂弱蒂。單棲知幾時，空擬並頭意。

校記：〔一〕『花』，龍眠風雅作『枕』。〔二〕『新枕』句，龍眠風雅作『新繡紅蓮枕』。〔三〕『單棲』，龍眠風雅作『刀環』。

吴用舒一首

吴用舒 字以長，布衣，有捉鼻吟。李芥須云：『以長好爲詩，喜遊佳山水。中歲遊燕市，遂卒於燕。詩亦烏有矣。』

洞庭舟中酬鄧覺宇先生

君得江山助，烟雲筆底供。歌聲原是鳳，隱德信如龍。碧湛瀟湘水，青回十二峰。片帆相晤處，新月上芙蓉。

吴用鐸二首

吴用鐸 一名用釗，字幼康，天啟丁卯武解元，崇禎壬午、順治丙戌再中武舉，有待園漫草。

勺園感舊

吾猶曾見此，處處起樓臺。落日珠簾捲，香風畫閣開。莠民輕一炬，華屋盡成灰。空有笙歌地，頻來燕子猜。

春日同王石仲遊韓御史園林

乘閒邀勝侶，攜手入桃源。谿水回無際，石雲生有根。登山憐屐澀，繞砌喜梅繁。共結林泉契，幽懷此地論。

吴紹奇六首

吴紹奇 字叔甫，號潄浦，自峒孫，天啟時諸生，有撫松集。

浦　口　明詩綜選　御選明詩録

水市千門列，江村萬井通。馬嘶流水外，人語夕陽中。雪浪高吹樹，蒲帆軟趁風。故鄉天際遠，雙目送飛鴻。

螢　明詩綜選

忽向籬邊繞，還從井畔飛。雨昏光不滅，露重影猶微。伴讀來書舍，窺眠入翠幃。黃花秋老後，未識汝何歸。

編籬　明詩綜選

負郭幽居僻，編籬接短牆。種瓜看蔓引，栽菊待花黃。犬吠驚殘月，雞棲趁〔一〕夕陽。貧家隨分事，世外得清狂。

校記：〔一〕『趁』，龍眠風雅作『起』。

移居

啼鶯喚客〔一〕欲何歸，壁立蕭然只四圍。一任題門皆鳳字，誰言居巷是烏衣？雪殘荒圃新蔬少，火爇貧厨敗葉稀。獨有蠹魚書數卷，擁爐披對送斜〔二〕暉。

校記：〔一〕『唤客』，龍眠風雅作『换谷』。〔二〕『斜』，龍眠風雅作『餘』。

秋晚山寺〔一〕

手攜鳩杖入林巒，葯畹芝房次第看。竹徑野〔二〕烟迷鳥路，寺門秋水狎魚竿。芙蓉浥露花全放，躑躅因風葉半殘。箕踞一尊懷欲遣，恐驚摇落不成歡。

校記：〔一〕『寺』，龍眠風雅作『尋』。〔二〕『徑野』，龍眠風雅作『外生』。

同友人飲秦淮酒樓 明詩綜選

秦淮水漲鰣魚肥，滿店楊花作絮飛。日暮酒闌無箇事，渡頭閒數畫船歸。

吴紹廉一首

吴紹廉 字不貪，號無咎，邑諸生，有飲泉亭集。潘蜀藻曰：『无咎屢困舉場，及從子國琦成進士，夢其祖告之曰：「貴不及子矣。」遂焚棄舉業，耽悅禪理。』

金山寺

霽景淡如秋，平波漾不流。海門雙闕湧〔一〕，天塹一巒收。古殿盤馴鴿，危欄狎野鷗。山川望南紀，處處拱神州。

三、四雄健，氣象萬千。

校記：〔一〕『湧』，龍眠風雅作『峙』。

吳紹志一首

吳紹志　字孝先，自峒孫，蔭生，官至南寧知府，有廣巖集。

渡　河

積陰今忽解，霽色漾河流。水漲疑無岸，風平恰送舟。中年徒躑躅，三郡屢淹留。最是驚心處，哀鴻集滿洲。

吴國琦十三首

吴國琦 字公良，號雪崖，崇禎辛未進士，官兵部主事，有懷兹堂集。江南通志：『國琦性警悟，年十五刲股愈父疾。爲漳州推官，疏沉獄八百餘案，多所平反。著有尚書音、易占、禮略等書。』郡志：『官兵部時，國家多難，著渡江九策，策各千言，切中時務。晚年精詩律，著有水香閣集。』

同王生石卿入褒禪山作

池草一朝發，東風昨夜生。遊子動歸思，好鳥繞屋鳴。友生意有適，搴蘭釋羈情。去郭逐流水，石壁香閣横。閣門開沉潭，野鹿潭上行。小桃映修竹，山僧出歡迎。孤塔攬八極，遠色來滄溟。淡然忘日夕，緩絃遺世榮。

桐江望釣台禮嚴先生　釣台集選

客星墮地成雙石，懸崖直挽桐江碧。欲去不去江淙淙，石有青松皆作龍。雙星即爲客星座〔一〕，何處堪供帝子卧？古人交情澹如此，一絲長挂桐江水。我來正值千峰雪，桐江上下人行絶。渺渺桐〔二〕流無盡時，先生千載系人思〔三〕。

校記：〔一〕『星』，龍眠風雅作『石』；『座』作『坐』。〔二〕『渺渺桐』，龍眠風雅作『桐江東』。〔三〕『先生』句，龍眠風雅作『哲哉先生真可思』。

殘　月

殘月如新出，征帆急早潮。雲平不辨樹，霜滿欲迷橋。客久思晞髪，心慵畏折腰。櫂聲如水鳥，啞啞度寒宵。

趙瀫陽蒼漪閣

高亭敞木末，涼[一]意與秋生。當户一峰出，雙江夾月明。藤蘿封洞壑，河漢接檐楹。坐久絺衣薄，懷人已二更。

校記：〔一〕『涼』，龍眠風雅作『此』。

中秋前一日登西山遊爽園靈泉寺

林色到山淡，將分天地秋。暮雲横寺冷，爽氣入園幽。雁路憑空闊，麋蹤藉[一]葉留。閒情渾不厭，殘照散峰頭。

校記：〔一〕『藉』，龍眠風雅作『倩』。

泊舟

人語疑城近，緑陰村舍低。水光翻白照，烟路轉青迷。隔岸群峰色，沿堤芳草齊。江南三月裏，處處鳥争啼。

自漢興至建安舟行

愁客江亭泊，懷人穀雨天。叢蘭香到市，茉莉白盈船。淮水深南國，鄉心結暮烟。横空搜雁字，爲寄草堂前。

雨止

夾岸殘楓亂野燒，江雲風後疾如潮。漁舟争米移紅蓼，病骨防寒曬紫貂。汲漸不渾茶事濟，絃初能勁譜聲調。漫愁入粤人千里，夢出篷窗半六橋。

孫本芝招集郡齋同郭完赤姜青門

細雨黄昏芳草齊，鷓鴣啼處海天低。鮫人待月占潮信，荔子凝香踏馬蹄。卧閣官閒思〔一〕汲黯，裁文鱷徙憶〔二〕昌黎。十年遼闊疑〔三〕星聚，深坐高燈聽曙雞。

校記：〔一〕『思』，龍眠風雅作『推』。〔二〕『憶』，龍眠風雅作『重』。〔三〕『疑』，龍眠風雅作『看』。

秋夕方坦庵以新詩見寄答之〔一〕

木瓜香老度茅茨，静對新詩坐起遲。行路久知輕〔二〕杜甫，道心差可共王維。唱酬白露蒹葭外，簡點黄花風雨時。最喜友朋耽慧業，一尊深夜足歡持。

校記：〔一〕龍眠風雅詩題作秋夕方坦庵以所叙汪君酬燕鎸並自訂白門新詩見寄答之。〔二〕『輕』，龍眠風雅作『經』。

春穀懷戴叔度先生

海東纔到復江西，一路烽烟亂鼓鼙。不似當時春穀上，緑楊深處聽黄鸝。

憩古榆庵柬諸上人　二首之一

老農唤犢犢知歸，牆裏枝枝杏子肥。洲燕撲簾鷩〔一〕夢醒，香風吹綻野薔薇。

校記：〔一〕『鷩』，龍眠風雅作『輿』。

蘭江至錢塘

江風漠漠山風寒，亦有鯉魚來上灘。不必桃花春水闊，溪香兩岸總多蘭。

吴道新八首

吴道新 字湯日，號無齋，天啟丁卯舉人，官工部主事，有潛德居詩集。明詩綜系傳：『湯日亦稱「舊山隱者」。』延陵詩鈔系傳：『公爲方伯菲庵公第九孫，年二十舉於鄉，屢上春官不第，遂司教句容。後補泰興，以薦官國子助教，轉工部都水主事。國變後逃歸，隱居不出，卒年八十二。所著有紀宦、紀難、紀遊等集。』江南通志：『湯日少負文名，由舉人官泰興教諭。』郡志：『生平遊覽山川，詩、古文詞所至盈篋。官工部日，知時不可爲，徒步歸隱，處白雲岩，營生壙，以待老云。』潘蜀藻曰：『先生官水部，甲申後退隱於邑東鄉之白雲巖，荷衣芰裳，與耕漁者伍，垂四十年。臺佟鑿穴於武安，袁閎遯迹於土室，不是過也。晚稱「函雲」，有函雲頭陀傳集，凡五十卷。』孫易公壽吴湯日詩：『十年夢斷漢明光，尚有朝衣染御香。亂後親朋俱契闊，老來詩酒益疏狂。黍離歌罷周臣怨，杜若洲寒楚客傷。一自鼎湖弓墮後，灞陵歲歲哭先皇。』

風

十年老魃蓄生齒，競逐雨師風莫止。蜚廉爲祟赤熛怒，拂拭青天看萬里。有時高岫暫噓雲，疾驅迅掃何其駛。狂舞怒號不可當，列缺遠遁豐隆死。莫將曷喪指金烏，力阻甘霖風所使。

讀史 八首之四

五丁隘鑿起戎氛，血冷啼鵑不忍聞。躍馬仍教歸漢統，傳柑誰與迓金軍？錦江玉壘連烽火，劍閣琴台隱陣雲。長恨一星沉五丈，參旗並鉞變天文。

海水群飛入内灘，鳴螺吹角幾曾闌。盧循戰艦横江易，楊僕樓船下瀨難。觀築鯨鯢今議罷，澤敷鴻雁久抛殘。何時徐福求仙去，波靖氛銷踰賀蘭。

郊圻藪澤盡狐鳴，誰典薇垣護紫城？宿衛六軍皆遠戍，周廬七校亦長征。探丸鄠杜藏遊俠，設帳新亭伏甲兵。非按淄青頒賫籍，何由知盜得真名？

意氣縱橫，風調高亮。結用盜擊武元衡事。

八月錢塘不候潮，婆留弩末射秋濤。柳堤穿札花枝盡，梅嶼連營鶴唳高。浪湧鴟夷騰白馬，洲移龍輅駐金鼇。紫陽宫石堪圖畫，漫侈青驄玉勒豪。

校潛德居詩文集有歎

鍊研神思〔一〕字尚乖，漫將敝帚屢編排。墨莊欲市無人售〔二〕，筆塚堪營有地埋。井貯鐵函空志怪，溷投囊錦孰知佳？所悲〔三〕不復求遺稿，自祭生前且詠懷。

校記：〔一〕『鍊研神思』，龍眠風雅作『思鍊衡研』。〔二〕『售』，龍眠風雅作『買』。〔三〕『悲』，龍眠風雅作『忠』。

病甚述懷

玉霄峰峙白雲鄉，剩水殘山一草堂。但許狂歌臨廣武，敢言耆舊重襄陽。病〔一〕知身後埋青草，愁見〔二〕齋前種白楊。應羡司空能早達，衣冠生壙預先藏。

以阮步兵、習鑿齒、司空表聖自況，其懷清履潔有如此者。

校記：〔一〕『病』，龍眠風雅作『也』。〔二〕『愁見』，龍眠風雅作『自合』。

寒食感舊

宮柳千條拂御溝，春風祓禊紫烟浮。高粱錦幄衣冠盛，曲水金堤士女稠。香暖鈿車搴芍藥，歌殘麟帶控驊騮。空山寂寞啼鵑雨，望斷珠簾十二樓。

興慶隆恩〔一〕賜大酺，明〔二〕明繪出汴河圖。金吾插羽分朋〔三〕射，中貴行厨席地鋪。繫杖兒童圍蹴鞠，買籌俠客角摴蒱。不知調馬韝鷹會，猶有當年冠蓋無。

汴河圖即清明上河圖。

校記：〔一〕『隆恩』，龍眠風雅作『樓前』。〔二〕『明』，龍眠風雅作『分』。〔三〕『分朋』，龍眠風雅作『翻身』。

贈蜀藻六十壽

聲氣文章四十年，香山紀歲並詩傳。社中牛耳仍推長，海内龍頭不讓先。五粒著書鱗已老，千齡食字蠹成仙。嫏嬛地有長生樂〔一〕，爲介雲腴酒似泉。

校記：〔一〕『有長生樂』，龍眠風雅作『歛箕疇福』。

病中雜詩

灰散昆池晝霧冥，寂寥薖軸罷玄經。立夫家有遺民録，元氏居非野史亭。博與帝争惟有讓，酒從天醉勿求醒。謝敷儌倖填溝壑，賺得人稱處士星。

程立夫撰宋遺民録，元遺山有野史亭。

清淺何須問閬瀛，白衣蒼狗自紛更。幻形種種黎丘鬼，變態層層陽羨生。應有三災翻後劫，豈徒二豎擾〔一〕閒情？人間多諱癰疿疾，誰聽長沙太息聲？

半生蹤跡任浮漚，却似前生夢已休。一片殘雲歸句曲，二分明月屬揚州。溪山到處留青眼，風雨頻年送白頭。今日鬢絲秋又老，冷烟衰草共閒愁。

自注：懷華陽廣陵舊事。

楚客依人行路難，籃輿鳥道幾千盤。三湘扈芷波猶緑，二酉探書字〔二〕尚丹。儉府芙蕖花久落，漢南楊柳葉皆殘。只今恨闕秦人洞，子驥迷津未得看。

懷楚遊儉府，謂王仍齋學使也。

朱雀烏衣桃葉溪，舊時王謝一枝棲。湖邊烟雨城頭石，花裏笙歌柳外堤。幾載山中蝴蝶夢，十年江上杜鵑啼。新亭望灑神州淚，竟與西台共慘悽。

懷秣陵舊遊西台，謂忠惠相國也。

瓊花樓畔柳堤隈，蕭史乘鸞有舊臺。北海樽罍邀衆嬉，西園吟嘯〔三〕集群才。鮑昭賦就吟何慘，杜牧詩成夢亦哀。最是十年君實幕，猶憐共事一龔開。

廣陵舊遊鄭超宗、梁飲光、宋開先、顧修遠諸子，時共詩酒之會。君實謂湯惕庵司馬。

校記：〔一〕『擾』，龍眠風雅作『攬』。〔二〕『字』，龍眠風雅作『岫』。〔三〕『吟嘯』，龍眠風雅作『書畫』。

晚望 感舊集 明詩綜選

蕭蕭墅岸荻蘆秋，不見戈船水上浮。惟有青溪千尺塔，隔江猶似望烽樓。

吴道濟三首

吴道濟 字汝楫，號周萬，崇禎壬午副榜。

皖邸有感

皖口徵文日，中原鼎沸時。千家聞野哭，一劍倚身危。去國還懷土，登高漫賦詩。只愁劉刺史，長嘯不勝悲。

暮春送友南下

桃花雨落水東流，去去江天一望浮。曉霧鳴榔迷古驛，春風彈鋏信扁舟。即今故國妖氛滿，可是鍾陵王氣收？爲語僑居陶謝手，新詩好載仲宣樓。

同友人舟行大雪

水色天光一氣浮，大江如沸擁歸舟。千山玉樹臨風立，两岸銀河夾霧流。虛擬梅開何遜閣，恍疑月上庾公樓〔一〕。清寒此日惟君共，貰〔二〕酒前村有敝裘。

校記：〔一〕『恍』，龍眠風雅作『又』；『上』作『到』。〔二〕『貰』，龍眠風雅作『典』。

吴道坦五首

吴道坦 字次履，號易齋，崇禎末諸生，有水村集。延陵詩鈔系傳：『公承親歡，色養備至。晚年居雙溪，築室三楹，環以竹，顔曰「水村竹屋」。喜秣陵風景，暇輒放舟而下，興到詩成，留題幾遍白下。』

楚客訪舊於武林詩以贈之

惱恨〔一〕錢塘水，難通湘漢流。蘼蕪生路口，楊柳拂樓頭。不憚山川阻，惟思花月遊。得他蘇小在，一笑解輕裘。

校記：〔一〕『惱恨』，龍眠風雅作『恨殺』。

不二師過訪示以山居詩

忽來方外友，剝啄喜相聞。坐待溪頭月，香飄几上雲。竹窗雙影瘦，茶話一燈分。快讀山居詠，知君慧遠群。

兒御鄉試夜還

一片歸帆速，維舟更已闌。汀花秋色老，岸葉夜聲寒。計日〔一〕離家久，關心問渡難。棘圍文事畢，竹屋且承歡。

校記：〔一〕『日』，龍眠風雅作『口』，非是。

奉和伯兄函雲感懷

瘿瓢瓦缶亦陶然，薄醉無煩問聖賢。喜集賓朋常滿座，懶酬書札動經年。岫雲不斷遮茅屋，溪水常流浸稻田。物理循環何定數，杖藜且作地行仙。

留别王介眉葵〔一〕梅先還里

石頭城下水迢迢，送我橋邊折柳條。驪唱莫留歸夢住，雁聲已引去心遥。蒹葭白露催征艇，風雨寒江聽夜潮。别後相思肯相訪，期君草閣一燈挑。

校記：〔一〕『葵』，龍眠風雅作『蔡』。

吴道約三十九首

吴道約　字博之，號亞侯，一介孫，崇禎間諸生，有大安山房集。郡志：『道約年三十棄去諸生。時當多故，道約欲有所効於朝，莫由自致，一切託之於詩，以抒寫之。凡軍政險阨，莫不殫悉原委，敷陳曉暢，如陸宣公之奏疏，蘇老泉之策論，其志亦可悲也。』潘蜀藻曰：『公詩前後成集者，無慮萬首，默公嘗欲取而別擇之，其可傳者尚不下千首。』璈按：先生詩筆力沈勁，熔鑄富有。使當弇州之時見之，定當列入前後五子中，惜爾時鄉井之外，罕有知者。

懷弟子遠

涼吹生層陰，古木何垂垂。幽林多國香，芳是蘭所爲。烟霾起河北，日照南山陲。所思悵何在？遊目空江岐。朝詠脊令句，暮吟棠棣詩。浙水豈異邦，相見未有期。遥見舟中人，不知來者誰。倘從吴越還，有書當見貽。

獨坐偶成

夢登黄鶴〔一〕山，醉宿赤文島。象罔拾玄珠，淮南喻鴻寶。浩瀚成篇章，千言未屬稿。孤憤懷前人，離憂非遠道。王嬙豈不佳？丹青蔽其好。鴛鴦戢翼遊，清流唼蘋藻。兵甲滿四方，吐突能招討。耿鄧未逢時，英雄亦潦倒。取節不如葑，委心終以棗。野徑生蓬蒿，短僮不須掃。詞人遊岱華，王孫别芳草。役役求浮名，浮名令人老。君看梁園花，春風落遲早。

校記：〔一〕『鶴』，龍眠風雅作『鴇』。〔二〕『喻』，龍眠風雅作『設』。

病　起

病起看秋山，晴風動溪柳。野老試新篘，所重不在酒。剖瓜若萍實，何必大如斗。寄言張季鷹，尚念蓴鱸否？池魚懷江湖，籠鳥思山藪。初服可歸田，閑閑歌十畝。

於忽操

於忽乎！不可以爲，其又奚爲？謂麟雖〔一〕至仁，不如虎食人。謂鳳〔二〕雖能舞，不如鳥能語。截獬豸之角兮，又若慮其觸邪。菅蒯已棄兮，尚未見其絲麻。雖分理而共襄兮，顧其才之未宜。縶奔蹄以長組兮，雖良馬亦奚以爲？

懷宗時，需才孔急，而用舍未當。然事勢至此，誰爲麟鳳也？

校記：〔一〕龍眠風雅『雖』下無『至』字。〔二〕龍眠風雅『鳳』下無『雖』。

金陵篇答友人見訊

金陵三尺秦淮水，片帆曾向金陵艤。大雅不作正聲亡，曠牙夔乙〔一〕相繼死。漫續離騷哀怨多，當代知音屬誰氏？烏衣巷口月初彎，幾處人家燕子閒。可知閱歷是何境，凡有天地皆人間。高步恐爲衆所嫉，不如高卧歸南山。

校記：〔一〕『曠牙夔乙』，龍眠風雅作『夔牙曠乙』。

春林歌

春林一片新月明，山翁夜語東風生。今日花開且對酌，莫歎世人交態薄。厨亭醉〔一〕鄉何所封，得意且作胡中庸。繩樞圭竇豈不善？五湖三畝尤難容。烏臼一啼天欲曉，反謂山雞鳴尚〔二〕早。我蒸藜藿待〔三〕山翁，車馬頻年跡如掃。

取容亂世，且號中庸，豈甘爲胡伯始耶！

校記：〔一〕『醉』，龍眠風雅作『樂』。〔二〕『尚』，龍眠風雅作『甚』。〔三〕『待』，龍眠風雅作『醉』。

新霽

曙色浮天末，青山出數重。巫衫[一]殘社舞，村筑急[二]鄰舂。濁酒能陶暑，餘蔬足禦冬。晚林秋雁宿[三]，霜飽木芙蓉。

校記：〔一〕『衫』，龍眠風雅作『風』。〔二〕『筑急』，龍眠風雅作『響切』。〔三〕『宿』，龍眠風雅作『肅』。

謀歸

水落河橋絶，庭荒甃井移。摽梅三有實，棲鳥半[一]無枝。莫羡[二]工縑婦，寧爲恤緯嫠。秦淮歸路熟，明發到江陲。

三句用詩補傳之說，謂士不見用也。

校記：〔一〕『半』，龍眠風雅作『一』。〔二〕『莫羡』，龍眠風雅作『未作』。

重客兄招同又康兄天邦姪斌園小集

相對已悠然，何須宴輞川？笑看桑落酒，醉誦黍離篇。黄屋幾朝盡，白門千載全。莫教王太傅，獨以始興傳。

河亭感舊

鍼神半下水晶簾，刺繡頻將弱綫添。水榭乍晴花冉冉，江天未晚月纖纖。誰憐楚客歌爲雪，且喜吳娘笑是鹽。手摘青梅纔半熟，遥知齒軟不如甜。

東山雜贈 二首之一

岸上殘烟接晚霞，縱横一劍舞蓮花。楚吟是處難忘越，郢曲何人不笑巴？我到崆峒尋緑字，君從句漏得丹砂。飄零十載嘗相憶，門外清風舊柳衙。

聞盧總理督師宣大

楚江開府錫彤弓，三十登壇作令公。纔奉璽書還薊北，又追鐵騎入雲中。笳鳴毳帳荒烟黑，旆捲轅門落日紅。聞説盈庭多畢散，如何授職獨非熊？

總戎實具文武才。結言在庭公卿少與同趣也。

閒居即事

梁園不復重鄒枚，未敢輕身別草萊。月下雁書人字過，湖邊樹作雨聲催。康瓠漫欲〔一〕欺周鼎，曲木還應下〔二〕楚材。昨向高陽尋酒客，晚來空出又空回。

尋酒徒且不得白眼看人，是何意況！

校記：〔一〕「漫欲」，龍眠風雅作「自合」。〔二〕「下」，龍眠風雅作「笑」。

西湖舊宅

芭蕉作紙種庵前，記得零陵是緑天。四月有燈螢作火，三春不絮柳如綿。城中命侶遊仙墅〔一〕，郊外裁衣著水田。昨夢五湖烟景在，酒酤先用賣琴錢。

校記：〔一〕『侶』，龍眠風雅作『駕』；『仙』作『山』。

僧舍感懷

高卧林山好放歌，邇來忽似病維摩。酒中習静紅塵少，詩裏尋聲〔一〕白雪多。鐵面銅頭呼作佛，玉毫金相黜爲魔。頻年婚嫁猶難畢，俟得河清壽幾何？

校記：〔一〕『尋聲』，龍眠風雅作『談玄』。

懷家十四弟子遠

鴻雁分飛又一年，閒庭風雨略鵾〔一〕絃。愁中夢草春無句，病裏看雲晝不眠。每對遥空書咄咄，忽因遠道思綿綿。邗江又放仙舟去，矯首長干信〔二〕惘然。

三、四以杜對謝，雅切不枝。

校記：〔一〕『鵾』，龍眠風雅作『鳴』。〔二〕『信』，龍眠風雅作『倍』。

平湖秋望　四首之二

舞罷芙蓉擊劍鐔，著書空老百花潭。天教列宿都朝北，地設長江獨限南。班薄〔一〕只求庸鄭五，清流難以應朱三。持瓢痛飲消餘恨，氣識金銀總不貪。

此爲南渡時作，馬、阮煽禍，何異全忠。

使〔二〕到梁園懶曳裾，獨將生業許樵漁。尋常世故歸烏有，多少塵緣付太虚。暮雨斜披青襏襫，晚風閒卧綠籧篨。不須軌躅周行路〔三〕，禁足空齋讀素書。

校記：〔一〕『薄』，龍眠風雅作『簿』。〔二〕『使』，龍眠風雅作『便』。〔三〕『周行路』，龍眠風雅作『通天下』。

江麓感懷　二首之一

奉詔南征不剪除，頻年厭食武昌魚。勳藏盟府勤王室，心在陪京謁帝居。蘇峻石頭功未卜〔一〕，王孫建業事何如〔二〕？誰能跋扈無臣節，明日春秋有大書。

此爲左良玉而作，大義凜然，居然陽秋之筆。

校記：〔一〕『卜』，龍眠風雅作『必』。〔二〕『孫』，龍眠風雅作『敦』；『何如』作『如何』。

移居日值子喬生偶成　二首之一

觀光無分作王賓，禄米誰能給故人？南阮一貧輸北阮，西鄰多福勝東鄰。登〔一〕山夫子獨宗魯，蹈海先生不事秦。欲獻團監三十字，郁模昨已上書頻。

校記：〔一〕『登』，龍眠風雅作『達』。

秋懷

魚龍雜沓不聞雷，隨例浮沉傍水隈。坐領琴尊相唱和，得看緇錫共追陪。昭陽種粟朝元黍，凝碧成塵太液灰。莫待孝王賓客老，徒思旨酒集鄒枚。

此應指李賊決河灌汴梁後而言。

金陵感懷　四首之一

三尺髾兒賨馬馱〔一〕，妖姬跌舞褪黄鵝。不愁郭令提支秀，尚請元公作阿多。騎勝花門馳〔二〕撇烈，酒酣毳帳曲摩訶。陰山草滿牛羊下，晚唱蒼茫敕勒歌。

校記：〔一〕『馱』，龍眠風雅作『駝』。〔二〕『馳』，龍眠風雅作『河』。

冬晚述懷 三首之一

此日揮毫休扼腕，當年搦管尚垂髫。顏于大藥中央駐，恨向空門何處銷。詩細已成將續趙，易林初注欲傳焦。雲關静掩懷知己，獵獵風鳴上柳條。

後漢書趙煜撰詩細。

夏日束裝歸山潘蜀藻招同姚休那先生左子兼暨式昭姪集石經齋得成字

天寶文章海内驚，百花潭築草堂成。西園勝集賓兼主，北海英風舅與甥。叢桂在庭迎語燕，修篁滿砌俟啼鶯。玉壺美酒三千斛，留盡班荆一夕情。

起以天寶寓意，知先生宗法不在中、晚以下。

晨望雙溪

泥堙港汊〔一〕難移棹，水嘯灘沙又閣船。枕上雙眸常在月，舟中一夜竟如年。賦詩酒亦思金谷，破悶茶尤想玉川。總爲沍寒淹澤畔，烟霜待曉不成〔二〕眠。

訊何次德句：『酬縑未敢煩中立，投刺何勞絶正平。』感懷句：『誰向穴中尋鸑鷟，只從楦外識麒麟。』述懷句：『争餅群兒心未足，舉瓢百客力何柔。』兒子式昭見過句：『龍鱗當户書常滿，驢背逢橋句肯遲。』

校記：〔一〕『汊』，龍眠風雅作『路』。〔二〕『成』，龍眠風雅作『能』。

春日感懷

春山兩月霧難晴，溪水泠泠作雨傾。紅綻美花驚睡蝶，緑摇新柳醉啼鶯。薜蘿已足全高致，薇蕨何勞獲大名？玉液千鍾留酒榼，金芽半餅付茶鐺。罾頭欸乃船初掉〔一〕，燈影熒煌星未明。客到不妨言市遠，舟行那可説潮平。乾坤正氣先民語，河岳英靈後史評。詎以宦情沉宦海，且將愁賦破愁城。有聲擲地如孫綽，幾字臨池似伯英。箕踞豈堪繩禮法？桃源深處少逢迎。

校記：〔一〕『掉』，龍眠風雅作『動』。

塞下四時曲　四首之二

策馬歷三秦，荒城何處春？可憐青海夢，不見翠樓人。

絶漠正黄昏，彤雲帶雪屯。寒鴉鳴古堞，都護出轅門。

古　意

緑綺初停問落暉，晚妝微〔一〕卸約黄稀。不知客路餘〔二〕千里，却〔三〕望檀郎今夕歸。

校記：〔一〕『微』，龍眠風雅作『初』。〔二〕『餘』，龍眠風雅作『曾』。〔三〕『却』，龍眠風雅作『猶』。

秦淮雜詠

油壁車前納晚風，單衫杏子涇微紅。何當素手搴珠箔，秋水横波一笑中。

送鑑在之長安

强作驪歌未有詞，問君驅馬欲何之？蕭條〔一〕南浦無春色，不似江淹作賦時。

校記：〔一〕『條』，龍眠風雅作『蕭』。

月夜簡心甫上人

開士山中古木平，談經初罷錫環鳴。天龍繞坐無人見，夜擊蒲牢三兩聲。

東皋岩呈家二兄明之

先生避世隱牆東，門下何人謁孔融？一局枯棋精舍裏，數聲啼鳥落花中。

玉關秋笛

夜捲紅旗出舊屯，曾將單騎逐烏孫。一聲長笛關山晚，九月梅花落玉門。

懷方子恒　御選明詩録

王孫別去草萋萋，江蘺殘烟送馬蹄。我念故人腸斷絶，小橋流水夕陽西。

西山雜詠

風流子晉鶴翩翩，來往緱山一少年。遍問仙家渾不識，吹笙曾到赤松前。

渡江吟 三首之一

金陵江漲〔一〕草如秋，行子孤舟問〔二〕去留。不爲六朝添舊恨，豈因人唱白浮鳩？

校記：〔一〕「漲」，龍眠風雅作「色」。〔二〕「問」，龍眠風雅作「決」。

讀史有感

東晉有牛還代馬，西秦無吕孰承嬴？守宫不管椒房事，只向沙場説戰爭。

從軍行

夜捲紅旗出舊屯，曾將單騎逐烏孫〔一〕。可憐玉塞思鄉客，猶作金河渡水人。

校記：〔一〕『夜捲』兩句，龍眠風雅作『古戍烽烟自有春，兜鍪空老朔方身』。

吴道凝十六首

吴道凝 字子遠，號虛來，應賓子，順治丁亥進士，官奉化知縣，有大指齋詩集。延陵詩鈔系傳：『公爲宗一公之子，少負才名，胚胎家學，濡毫伸紙，累累不休，與人言，才辯鋒起，傾倒座客。草書尤横絶一時，自謂得李北海筆意。』

詠　懷

天地何廖廓，衆志趨〔一〕紛紜。逸者適爲勞，枯者適爲榮。達士無所懷，區區秉其貞。浮雲西北飛，日落難東升。乍寢如棄骸，夢中無此身。野草雖易萎，萬古無窮青。

江河猶在地，日月猶在天。蓬蒿與蘭蕙，高下何所懸。章服盛榮華，貴顯非徒然。公輔各有命，黜陟原無權。竊笑魯夫人，終年不食鮮。『三季後，黜陟聽之於命』，二語括盡情事，然君相不言命，尚其望之端揆。李耳出關後，中土無〔一〕真人。曼倩雖玩世，毋乃自賤〔三〕輕。郭璞身既死〔四〕，其術亦不神〔五〕。元精還太虛，穆然終古存。至人遇仙後，七十無所營。朝夕蔬食供，何須〔六〕餐黃精？至理已冥契，蛻〔七〕骨如遠行。

校記：〔一〕『趨』，龍眠風雅作『聽』。〔二〕『無』，龍眠風雅作『鮮』。〔三〕『賤』，龍眠風雅作『殘』。〔四〕『既死』，龍眠風雅作『死後』。〔五〕『亦』，龍眠風雅作『竟』。句下有『人生順自然，百歲無勞形』。〔六〕『須』，龍眠風雅作『曾』。〔七〕『蛻』，龍眠風雅作『脱』。

長歌行

我聞三神山，乃在東海濱。松柏夾長道，不知冬與春。仙人餐松柏，顏色亦何新。散髮乘白鹿，赤幢覆其巾。忽憶少年時，挾策遊燕秦。上書見天子，進〔一〕爲天子臣。馳驅亦已老，黽勉〔二〕長苦辛。乃今蓬島中，得與佺喬親〔三〕。吹笙彈八琅，嗟此世上人〔四〕。

校記：〔一〕『進』，龍眠風雅作『願』。〔二〕『黽勉』，龍眠風雅作『努力』。〔三〕『乃今』两句，龍眠風雅作『今至蓬萊中，可勿憂賤貧』。〔四〕『吹笙』两句，龍眠風雅作『吹笙未一曲，散盡人間塵』；末两句作『我與王子晉，嗟此世上人』。

燕歌行

雨雪霏霏單布衣，江風栗烈有人歸。魚潛水底不敢窺，雁宿蘆邊不敢飛。舊年初夏及於兹，胡爲一旦不可遲？賤妾他鄉私淚垂，日日思君君〔一〕不知。願君高舉藏羽儀，願君深心還識時。賤妾容顔難自持，江水悠悠隨所之。寸心脈脈當告誰，君乘驄馬大道馳，他日與君還舖糜。

結末有北風詩人之意。

校記：〔一〕『君』，龍眠風雅作『知』。

江行　二首之一

觀象臺前望，吴雲接楚雲。黄沙騰萬騎，赤日走三軍。亦有車船發，徒聞兵仗紛。欲因津吏去，灑淚問湘君。

『問湘君』即投書汨羅之意。

山中懷十一兄亞侯

有弟在巖阿，長年種薜蘿。樹深人語絶，路古麝香多。南郭然藜火，西山爛斧柯。共憐朝市客，不解厭兵戈。

四語較『麝過春山草木香』，尤簡鍊。

廣　陵　三首之一

蕪城春水滿，惟有白雲多。古道依蘆葦，人家出芰荷。晚烟常斷續，深柳易婆娑。象板銀箏歇，風前度綺羅。

三、四寫水鄉極爲確切。

潤州雜詩　六首之一

危亭俯絶壑，千里暮烟平。歸鳥雲中直，飛帆岸外明。樓臺騰海氣，風雨起江聲。吴會雄圖在〔一〕，三山擁鐵城。

說苑：『鳥飛準繩。』三語本其意。

校記：〔一〕『在』，龍眠風雅作『久』。

金陵感懷　四首之一

城上飛花在鳳樓，樓前曉日照荒丘。金張客已彈長鋏〔一〕，趙李家猶唱〔二〕莫愁。鶯囀銀牀三月雨〔三〕，人吹玉笛六朝秋。不知何事離鄉井，貪說長安索舊遊。

校記：〔一〕『已』，龍眠風雅作『亦』；『鋏』作『食』。〔二〕『唱』，龍眠風雅作『歌』。〔三〕『雨』，龍眠風雅作『曲』。

餘姚道中

越水千回繞越山，長江如練出山間。舟迎遠樹群峰合，月到深秋衆影〔一〕閒。斷岸老翁驅犢返，前村野渡〔二〕趁潮還。嗟余旅役流連意〔三〕，空使星星鬢髮〔四〕斑。

校記：〔一〕「衆影」，龍眠風雅作「流水」。〔二〕「渡」，龍眠風雅作「修」。〔三〕「嗟」，龍眠風雅作「憐」；「旅」作「行」；「意」作「甚」。〔四〕「星星鬢髮」，龍眠風雅作「顛毛草草」。

送童玄籲持節監五省軍

漢庭曾説下牂牁，横海樓船正〔一〕渡河。月夜初聞揚子櫂，江風吹徹楚人歌。相如論蜀詞何壯，軍吏〔二〕行誅法豈苛。更有蠻荒思舊績〔三〕，勞君談笑靖兵戈。

校記：〔一〕「正」，龍眠風雅作「霜」。〔二〕「吏」，龍眠風雅作「正」。〔三〕「績」，龍眠風雅作「迹」。

春日雜興　二首之一

蘭陵春水接樓船，两岸人家隔暮天。季子祠前雲黯淡，春申城上草芊綿。松筠常聚〔一〕一亭緑，魚鳥閒依半畝烟。不識桃源今在否？可無消息到籬邊。

校記：〔一〕『常聚』，龍眠風雅作『嘗贈』。

山館閒詠

落落行藏孤館，瀟瀟風雨三更。多夢多醒旅思，乍鳴乍咽溪聲。

出塞曲

誰在陰山雪裹行？窟中飲馬又長征。不知飛將何名姓？曾破烏桓到柳城。

古意

未向湖邊采白蘋，流黄難識認難真。不須更睹春風面，知是秦川織錦人。

吴道觀一首

吴道觀 字容若，號達田，順治己丑進士，官商水令。

出塞行

幾年征戍在遼州，思婦那禁萬里愁。不是斷腸歌出塞，白頭人老玉關秋。
幾番歸夢入潼關，校尉屯田總不還。十萬征人翹首望，降旗已出賀蘭山。

吴道親一首

吴道親 字民在，崇禎間諸生。

懷容若兄客廣陵

木末秋江迥，天涯久索居。池塘千里夢，風雨一床書。梅嶺棲無鶴，邗溝食少魚。瓊花如可采，北道早巾車。

吴道軾 一首

吴道軾 字瞻蘇，崇禎間諸生，有涵鏡齋集。

皖上即事

三冬烽火徹郊原，滿目〔一〕山川帶血痕。節鉞上游占地險〔二〕，虎狼中道〔三〕瞰天門。鮮衣怒馬驕盈路，寡婦孤兒哭盡村。唯有條侯持重意〔四〕，銜枚擐甲不聞喧。

謂史公道鄰。

校記：〔一〕「滿目」，龍眠風雅作「一望」。〔二〕「節鉞」句，龍眠風雅作「帝爲上遊開節鉞」。〔三〕「虎狼中道』，龍眠風雅作『賊從江北』。〔四〕『持重意』，龍眠風雅作『真鄭重』。

吴道合五首

吴道合 字開先，邑諸生，有冰玉軒稿。

虔州署中

十日〔一〕虔州署，吹衣風不寒。雙江流郭外，五嶺出林端。橘柚黄垂屋，佛桑紅亞欄。不知秋去久，猶作暮春看。

校記：〔一〕『日』，龍眠風雅作『月』。

送笪吉人歸里

君從歲暮返柴扉，執手勞勞淚滿衣。驛路荒烟人獨去，江干殘雪雁孤飛。病中白髮因愁長，亂後青山有夢歸。時事漸非休戀土，五湖應共釣〔一〕魚磯。

三、四大歷韻致。

校記：〔一〕『釣』，龍眠風雅作『問』。

憶伯兄水部越遊

葉落寒郊掩竹扉，他鄉人去帛書稀。錢塘潮汐迎仙舫，天目雲霞上客衣。夜雨聲中孤鶴唳，斜陽影里斷鴻飛。相思夢繞江干路，鼓角秋城望遠歸。

四語矜鍊工秀。

山居

陰陰松竹掩茅扉，甫里先生此息機。花蕊經春千樹滿，藥苗過雨一畦肥。犢耕隴畝奚童去，酒貰河橋稚子歸。最愛扶笻立亭畔〔一〕，黃鸝百囀蝶雙飛。

校記：〔一〕『立亭畔』，龍眠風雅作『亭畔立』。

閒居雜詠　四首之一

才微安敢並時流？拂袖巖雲卧一丘。陽翟村〔一〕邊三不出，王官谷裏四宜休。暖眠澗草隨〔二〕山鹿，涼棹陂荷近水鷗。筆硯盡焚無著述，惟將花葉紀春秋。

三、四以司空邵相況，位置儘高。

校記：〔一〕『村』，龍眠風雅作『樹』。〔二〕『隨』，龍眠風雅作『依』。

吴季鯤八首

吴季鯤　字子翩，號遯叟，叔度子，順治間辟舉福建監紀通判，有南陔草堂集。潘蜀藻曰：『流寇躪江北，桐岌且殆，公倡議繕守備，多其策畫，又捐助捍禦，城賴以不破。卒年八十一，學者私謚「文介先生」。所著有翻切圖、璅録等書。』

哭哲孫

耄年有愛孫，名哲實亦哲。五歲能〔一〕讀書，頗與群兒別。暮從塾師歸，所讀竟能說。親知爲〔二〕我言，君家有汗血。何意天嫉予，一朝成永訣。傷哉淚眼枯，忽然妄想結。願汝同〔三〕非熊，再生逋翁〔四〕宅。

顧非熊，顧況逋翁子。

校記：〔一〕「能」，龍眠風雅作「便」。〔二〕「知爲」，龍眠風雅作「朋向」。〔三〕「同」，龍眠風雅作「作」。〔四〕「生逋翁」，龍眠風雅作「來顧況」。

絡緯娘

絡緯娘，聲輕〔一〕揚。夜氣〔二〕涼，更漏〔三〕長，千般辛苦萬般忙。縷縷絲絲經妾手，未知誰〔四〕是妾衣裳。無端却思富家女〔五〕，此時恬〔六〕卧夢魂香。夏日輕綃冬夾襭，何曾纖手理流黄〔七〕。

校記：〔一〕「聲輕」，龍眠風雅作「韻悠」。〔二〕「氣」，龍眠風雅作「漸」。〔三〕「更漏」，龍眠風雅作「漏漸」。〔四〕「誰」，龍眠風雅作「可」。〔五〕「却思」，龍眠風雅作「思想」；「女」作「娘」。〔六〕「恬」，龍眠風雅作「高」。〔七〕「何曾」句，龍眠風雅作「十指何曾到緝筐」。

程清臣移居

十笏藏居士，秦淮有隱淪。鶯從幽谷度，燕入草堂新。禪誦同摩詰，招尋只許詢。龍駒知不遠，早貯甕頭春。

從弟士衡招飲

無事攤書帙，經旬好閉關。只茲十畝地，收盡四時山。小雨閒雲繞，孤吟宿鳥還。少焉生片月，静照緑蘿間。

閨思 六首之二

新妝對鏡〔一〕語誰知？度燕翻鶯二月時。妾有寸心憐薄倖，郎無尺素慰相思。蘼蕪路曲王孫草，楊柳江頭估客枝。十二欄干憑倚遍，楚腰纖細步弓遲〔二〕。舊曲何戡一唱彈，雙桐搖落井邊欄。剖來魚腹全無字，望去刀頭那有環？漫説使君留寶枕，不聞神女過巫山。高高亭〔三〕院空回首，璧月流蘇帳底看。

麗思盈襟，清詞振玉，西崑酬唱之遺。

其二有句云：『小姑羞佩宜男草，三婦常栽解語花。』其四有句云：『打散鴛鴦傷妾意，教成鸚鵡誦君詩。』其六有句云：『豆蔻結花緘遠恨，芭蕉經雨動新愁。』

校記：〔一〕『新妝對鏡』，龍眠風雅作『妝成自恨』。〔二〕『纖』，龍眠風雅作『細』；『弓』作『行』。〔三〕『亭』，龍眠風雅作『別』。

金陵〔一〕

憶昔樓臺絢彩霞，六朝濃豔此爲家。春回尚記門前柳，雨散都成陌上花。桃葉渡邊鶯牧馬，石頭城外數歸鴉。如何白首梁江總，偏向青溪吊麗華？

校記：〔一〕龍眠風雅『陵』後，有『懷古』二字。

閨思

爲憶征人獨上樓，白雲一片望中浮。不知君在關山外，可有高樓望故丘？

吴用銘二首

吴用銘 字士新，號遺民，應琦仲子，明季廩貢生。

金陵雜詠

虎踞龍蟠擁上都，指麾天下建雄圖。削平吴楚收全局，徵禮英賢重宿儒。麟閣勳名隆將相，雞籠廟祀創規模。獨憐裕後無長策，枉使居升殉此軀。

大功坊畔草離離，半壁河山一木支。附勢早萌分社釁，冒危猶誓渡江師。可憐風節孤臣淚，罔敵冰紈學士辭。太息東南王氣盡，奇才悔不老棲遲。

吴日宥一首

吴日宥 字在之，康熙初諸生。

絡緯

繰絲徒費響，永夜聽分明。蟋蟀甘同族，瓜藤寄此生。無心驚懶婦，著意動秋聲。白袷蕭涼客，空含無限情。

卷十三

方聞　蘇惇元
徐焱　馬起益　同校

吴天放七首

吴天放　字素夫，號頑叟，崇禎間諸生，有閩越、江漢、齊魯諸吟草。

詠懷　二首之一

悤悤行欲暮，皇皇復何之？征馬立躊躇，遠道安可期？霜霰被原野，北風吹我衣。孤鴻飛且鳴，虎兕來林啼。回車亦已晚，失路良可嗤。嗟哉客遊子，念此遄當〔一〕歸。

校記：〔一〕『遄當』，龍眠風雅作『當遄』。

漢江

襄州之水灘復灘，千回萬疊多波瀾。南風乍停北風起，愁煞舟〔一〕人牽水難。水寒石白光磷磷，鱸魚短尾黄金鱗。滄波蕩漾看明月，疑有當年解珮人。

校記：〔一〕「煞舟」，龍眠風雅作「殺行」。

晚泊

烟暝舟浮翠，雲連樹失青。江空吞落照，天遠動明星。估客帆檣落〔一〕，漁船網罟腥。兒童炊晚飯，薪火乞鄰燈。

校記：〔一〕「落」，龍眠風雅作「亂」。

沔口逢羅宏可率爾言別

春陵郭外分襟日，大別山前把臂時。細數年光成契闊，飽看顏色慰離思。舟同赤壁期〔一〕蘇子，馬異〔二〕襄陽醉習池。岐路萍蹤〔三〕太匆遽，天涯遊子悵何之〔四〕。

校記：〔一〕「舟同」，龍眠風雅作「已期」；「期」作「呼」。〔二〕「馬異」，龍眠風雅作「悔未」。〔三〕「蹤太匆」，龍眠風雅作「逢何太」。〔四〕「何之」句，龍眠風雅作「天涯尊酒悵難追」。

閩寓夢白下

一枕黃粱白日懸，帆〔一〕風遙送木蘭船。江光翠落千門〔二〕外，山色青浮十廟前。酒壓吳姬春似海，香消盧女夜如年。何因喚出〔三〕朱家俠，盡出紅妝玳瑁筵。

校記：〔一〕「帆」，龍眠風雅作「朔」。〔二〕「千門」，龍眠風雅作「三山」。〔三〕「出」，龍眠風雅作「取」。

無字碑

十丈穹碑接帝維，岱巔聳峙使人疑。不緣秘笈焚燔盡，那得靈文渾噩垂？霧擁蛟鼉晴挂壁，星攢蝌蚪夜臨池。磨崖滅没都無跡，何必銀鉤字陸離？

江南弄

好〔一〕買輕舟汎五湖，黄金盡處想〔二〕姑蘇。鱸魚入市楊梅熟，一曲清歌酒一〔三〕壺。

校記：〔一〕『好』，龍眠風雅作『莫』。〔二〕『盡處想』，龍眠風雅作『易盡是』。〔三〕『歌』，龍眠風雅作『溪』；『一』作『百』。

吴季鳳六首

吴季鳳 字于廷，號遺齋，叔度子，崇禎間諸生，有尉景園詩集。何存齋曰：『遺齋具魁奇卓犖之材，讀書折節，落筆生風。晚年居尉景園，手十七史而臆上下之曰史論云。』

讀史雜感

六朝僭禪代，强臣自操柄〔一〕。休文天下才〔二〕，竟作梁佐命。密謀定〔三〕首倡，譎知〔四〕頗縱横。甯與和帝仇，不使蕭公愠〔五〕。奉璽〔六〕則已矣，醇酒胡爲進？大宴列〔七〕功臣，紅顔歌舞盛。側立有妓師，猶〔八〕是齊宫聘。熟視坐中沈，猶〔九〕記其名姓。遥望舊衣冠，聲淚與之〔十〕並。含泣稱齊官〔十一〕，悲哉沈家令。

梁武嘗宴群臣，指問樂妓，對曰：『獨識沈家令耳』。此詠其事。

校記：〔一〕『强臣』句，龍眠風雅作『君臣俱不正』。〔二〕『才』，龍眠風雅作『士』。〔三〕『定』，龍眠風雅作『寔』。〔四〕『譎知』，龍眠風雅作『才智』。〔五〕『不使』句，龍眠風雅作『都爲利名迸』。〔六〕『奉璽』，龍眠風雅作『奪位』。〔七〕『列』，龍眠風雅作『衍』。〔八〕『猶』，龍眠風雅作『云』。〔九〕『猶』，龍眠風雅作『牢』。〔十〕『與之』，龍眠風雅作『將俱』。句下龍眠風雅有『垂老愧悔生，鬼神乃司柄。臨死信巫言，孰不笑狂病？斷舌當其辜，猶是夢中刃』。〔十一〕『含泣』句，龍眠風雅作『老妓一聲呼』。

丁巳元旦

撫景惜餘年，流光易〔一〕□□。晨興冒風檐，雨雪深埋屋。井爨屯烟雲〔二〕，櫨户戛冰玉〔三〕。懶性疏久要〔四〕，庭草罕行躅〔五〕。稍輯甲子編，凍指旋拳曲。謀酒禦寒威，五斗何曾蓄〔六〕。同作獻歲歡，憂困〔七〕唯予獨。春氣漸入帷，孤芳聊自勗。自〔八〕厭病與貧，袁安卧正熟。

校記：〔一〕『流光』句，龍眠風雅作『所求衣食足』；句下有『淹茲疢疾時，還懼流光促』。〔二〕『雲』，龍眠風雅作『霏』。〔三〕『櫨户』句後，龍眠風雅有『中堂燈燭微，椒盤薄從俗』。〔四〕『久要』，龍眠風雅作『至交』。〔五〕『罕行躅』，龍眠風雅作『無行蹢』。〔六〕『五斗』句後，龍眠風雅有『葭律序經新，物情變益酷』。〔七〕『困』，龍眠風雅作『傷』。〔八〕『自』，龍眠風雅作『勿』。

戴子翼招同李石逋潘木厓戴令及江四友張如三集似古山房觴飲

龍眠鬱奇峰，東西夾屏障。一派玉峽水，谿山分背向。中涵太古幽，飽領靈修貺。興諧安道遊，屐展丹崖上。彷彿住鹿門，組紱等飄坱。斗室廓地天，危亭狎滉瀁。高瀑下銀河，虬濤助神壯。雨餘山色佳，飛嵐呈萬狀。荷香入夜恬，涼氣先秋放。結侶比應劉，奇談縱俯仰。眷彼松鶴姿，執觥互酬倡。造物恪休暇，兹焉暢清曠。綢繆方永歡，夕陽忽在望。慚答招隱篇，岐路生惆悵。輿騎騁烟霏，西山日猶蕩。

題張齡若新居

仲蔚潛居已十霜，絳紗分處日相望。三間白屋人同老，一樹梅花影過牆。恰有奇峰供畫幀〔一〕，曾無俗〔二〕客到茅堂。六時但得須臾暇，送韻提壺各自將。

校記：〔一〕「幀」，龍眠風雅作「幅」。〔二〕「俗」，龍眠風雅作「殘」。

初春左眠樵霜鶴山中

柳梢烟織吐絲黃，曙色晴光漾草堂。三徑竹風摇鶴夢，一竿春水上魚梁。重譬〔一〕甲子山人集，亂點梅花處士裝。但聽新鶯尋舊侶，左思招隱在柴桑。

校記：〔一〕『讐』，龍眠風雅作『翻』。

西園憶舊

竹嶼烟溪白石梁，故人曾共坐匡牀。蘭亭醉墨隨流水，藜閣花磚冷夕陽。繁管不驚猿鶴夢，漉巾猶帶薜蘿香。玲瓏燕子遥〔一〕相慰，還傍烏衣舊草堂。

石門沖句：『竹送溪聲渾似雨，月團峰影正當秋。』西園句：『摩詰園空猶是寺，東山棋罷更無人。』

校記：〔一〕『遥』，龍眠風雅作『勞』。

吴德操十五首

吴德操 字鑒在，號皃客，諸生，明末歷官大理寺丞，有北征草、過江集。潘蜀藻曰：『皃客才氣横放，跅弛自負。嘗北走燕趙，憤國步多艱，與客抵掌談用世之略，目直視上，氣勃勃出頤頰間，人以狂目之，不顧也。』

悲歌

父兄當爲廉節，子弟苦於饑寒。一朝得罪，赤手何官？黄金可結交[一]，何必以廉貴？殺人可取錢，何必薄[二]酷吏？

校記：〔一〕『交』，龍眠風雅作『人』。〔二〕『薄』，龍眠風雅作『厭』。

詠懷 二首之一

淮南好文采，乃以得神仙。服食煉藥餌，輕舉有遺編。嗟汝世俗人，迷惘何拘牽。年命日以邁，蹙迫難少延。奄此明月光，浮雲飛上天。雖有好容色，失意徒[一]熬煎。灼灼青藍花，龍蛇當我前。傳教取玉枓，上謁高山巔。寶器不敝篋，怒馬不斷鞭。仲連義辭爵，千載稱豪賢。

『寶器』二句，即國策『江乙僻色不敝席』語意。

校記：〔一〕『徒』，龍眠風雅作『相』。

少年行

都亭望宛雒，行行過莊馗。雜沓好身手，蕩子幽並兒。千金得名馬，寶裝爲人騎。關弓挾大彈，中雀烹其雌〔一〕。烹汝告烏鳶，啄肉無已時。還脱金錯刀，赤手格狐狸。制錦當市中，且爲豺狼悲。利劍齒腐肉，黄麻變青絲。西北黑雲上，日脚横旌旗。駕車使騏驎，中屋鳴梟鴟。占者云不祥，主人當爲祠。張樂在大野，侑〔二〕以迎神祠。少年挾彈過，走馬射殺之。一梟人語發〔三〕，惡聲汝莫嗤。遊戲白日間，不辨殺人誰。

奇崛，不可端倪。

校記：〔一〕「雌」，龍眠風雅作「骴」。〔二〕「侑」，龍眠風雅作「臨」。〔三〕「人語發」，龍眠風雅作「作人語」。

擬行路難　四首之一

花落東西吹，乘風不止〔一〕墮濁泥。泥曝〔二〕有時飛，花落何能返故枝。君不見阿嬌貯金屋〔三〕，誰信長門守寥寂〔四〕。君不見平陽盛歌舞，阿兄人奴尚公主。

校記：〔一〕『止』，龍眠風雅作『上』。〔二〕『泥曝』二句，龍眠風雅作『泥濁日以遠，撲塵飛上天，落花旦旦無時反』。〔三〕『貯金屋』，龍眠風雅作『金屋姿』。〔四〕『守寥寂』，龍眠風雅作『寥落時』。

成相　七首之一

賞賜繁虛〔一〕費，叨恩自御前。左藏嗟少府，内庫聽中涓。官與鳴〔二〕都市，人工姹女錢。翻知平準策，武帝善營邊。

荀卿子有成相篇，雜陳古今治亂興亡之迹。此七首多陳古，以諷熹宗朝秕政也。

校記：〔一〕『繁虛』，龍眠風雅作『虛耗』。〔二〕『鳴』，龍眠風雅作『鴻』。

閩遊留别幼光兼示臣向

君才當〔一〕漢代，宜〔二〕是馬卿流。辛苦成吾黨，淒涼悔遠遊。故人輸〔三〕李杜，癡婢識錢劉。白日江波惡，漁竿莫浪投。

校記：〔一〕『當』，龍眠風雅作『在』。〔二〕『宜』，龍眠風雅作『亦』。〔三〕『輸』，龍眠風雅作『當』。

和仲馭南園

白社常同宿，深言慰董京。鵶啼雲外月，鳩唤雨中晴。瓦屋還臨水，書牀正面城。芳洲歌采采，遥集楚湘蘅。

董威輦白社，見晉書。

憶姬

小立香階淺，臨風笑語微。客憐新夜月，人著舊時衣。結緑空懸劍，流黄不斷機。但能偕隱逝，椎髻可同歸。

燕臺懷古　二首之一

薊門秋色冷邊關，萬里飄風自北還。牧馬誰能窺瀚海？射鵰終不過陰山。陣前逋寇新王子，口外降夷舊朵顏。恢復諸臣多計議〔一〕，早清鐵嶺賀蘭間。

校記：〔一〕『多計議』，龍眠風雅作『勞計策』。

送錢仲馭分臬粵東

水漲秦淮春可憐，故人載筆滿前川。丹青妙畫厨中變，尺牘成書海外傳。曲奏胡牀憐別鵠，路當庾嶺望飛鳶。昔時賦就江淹後，争似吴王五朵箋。

聞劉念臺金天樞兩都憲同日蒙譴

危冠伉直遂廷諍〔一〕，梁下先驚懸鼓聲。獨坐轉慚辛慶忌，同官還累竇嫈〔二〕平。人言太尉門牆峻，帝識萊蕪釜甑清。臺閣一時誰表率？飄然南策蹇驢行〔三〕。

校記：〔一〕「諍」，龍眠風雅作「争」。〔二〕「營」，龍眠風雅作「游」。〔三〕「行」，龍眠風雅作「情」。

重吊左少保公　二首之一

青衫〔一〕惡馬出龍眠，齧指書成血字傳。三世難餘齊變姓，兩河義士盡〔二〕輸錢。移宫得罪中人後，鉤黨含冤獄吏前。辛苦吾家諸舅氏，卧薪獨有子孫賢。

校記：〔一〕「衫」，龍眠風雅作「山」。〔二〕「盡」，龍眠風雅作「各」。

秋興　三首之一　明詩綜選　御選明詩録

莆田七月海風秋，誰到江東寫我憂？露冷芙蓉王儉幕，書藏夾漈鄭樵樓。卜居未有安危信，行路方知出入愁。笑指雙星河漢闊，明朝未必〔一〕渡牽牛。

校記：〔一〕「未必」，龍眠風雅作「不肯」。

無題

蹀躞章臺陌上聞，漫因夫婿遠從軍。庭花閒放丁香雨，爐火重添甲帳雲。鏡裏孤鸞教妾舞，簪頭小鳳背人焚。腰肢一病渾無力，獨怪東風透薄裙。

集飲句：『楚人不哭終成病，燕市無歌亦自悲。』秋興句：『芳樹流雲添晚翠，老荷著雨見新肥。』『同載神童成孝緯，難成宅相負恩光。』無題句：『雲母疊成秋裏宇，雪兒解唱夜來歌。』

邊詞

獵馬陰山帶箭傷，腰懸寶劍白如霜。東方千騎誇年少，豈問深閨路〔一〕短長。

校記：〔一〕『路』，龍眠風雅作『夢』。

吴德堅二首

吴德堅 字爾玉，崇禎末諸生，有逸溪集。潘蜀藻曰：『爾玉母氏，姚渥源公女，守節，遭寇亂，罵賊死。爾玉有終天恨百餘首，讀者哀之。』

湖上

燈火疏林滿釣磯，秋光澹宕夕陽微。六橋草樹淩波出，三竺雲霞趁鳥飛。曲樹歌聲遥入耳，畫船香氣暗侵衣。客心欲共湖心醉，繞遍西陵不忍歸。

太白樓〔一〕

采石江干作夜遊，清風明月一扁舟。先生意氣陵千古，船到詩樓憶酒樓。

校記：〔一〕詩題龍眠風雅作『吊李白祠』。

吴顥之一首

吴顥之 字隱若，順治初諸生。

訪倪樾公孫雨田秦淮河亭各出詩見示

年少翩翩江上游，秋雲夜雨唱還酬。非緣俠氣傾三輔，定有才〔一〕名動五侯。風細桓伊邀笛步，月明孫楚引杯樓。可能桃葉拈吟句〔二〕，寫盡騷人客裏愁。

校記：〔一〕『才』，龍眠風雅作『詩』。〔二〕『可能』句，龍眠風雅作『同將桃葉爲題句』。

吴日永六首

吴日永 字南蒼，崇禎間廩生，早卒，有升元閣詩稿。延陵詩鈔系傳：『公爲廷尉玉華公之冢孫，博學工文，卒年方二十四。所著如史論、史斷、擬變樂府十五種及升元閣已刻，詩均皆亡而無存者矣。』

效鮑照行路難

應龍無尺木〔一〕，俛首沉淵鱗甲垂。人生未得勢，文章節義安所施？我心何鬱陶，乘春二月觀江潮。功名富貴雖自有，目下已難安寂寥。

校記：〔一〕『木』，龍眠風雅作『水』。

秋聲　四首之一

楓葉如平楚，波痕復舊江。劍寒金作錯，酒熱玉爲缸。月際〔一〕羞群鳥，風間〔二〕遠吠厖。荆妃且莫嘆，顔色本無雙。

校記：〔一〕『際』，龍眠風雅作『令』。〔二〕『間』，龍眠風雅作『聞』。

喜史中丞擢南樞

謁罷中〔一〕陵過五城，上流波浪一時清。何勞别隊分城守，剩〔二〕有家兒當踐更。朝選漸深三輔寄，樞中議發九江兵。桐山舊滿韓門客，將次東來草治平。

校記：〔一〕『中』，龍眠風雅作『鍾』。〔二〕『剩』，龍眠風雅作『另』。

憶河上舊遊

橋枕清溪遠數巡，六朝臺榭五陵春。不收明鏡常留月，失却支機枉問津。夜射遊魚迷白水，仰看飛雁隔清塵。吹簫换得王孫飯，蘆葦蕭蕭中有人。

古　意

東南日出照高樓，白下羅敷是莫愁。谿竹清冷傷帶露，堤〔一〕楊摇落恨先秋。爐中微燼長留暖，篋裏殘膏不上梳。素腕殷勤趨廣陌，衹緣未識富平侯。

校記：〔一〕『堤』，龍眠風雅作『枯』。

何武伯移居

種竹何妨更種瓜，子孫清白不豪奢。牆回別室陳三瓦，宅帶澄潭號百花。衣少至今憐阮籍，書多空使累張華。羡君燕頷封侯相，未滅匈奴敢治家？

吴日昶三首

吴日昶 字函三，號澹庵，用先子，崇禎時蔭中書舍人，有世儀堂集。延陵詩鈔系傳：「公爲司馬公三子，嘗隨入蜀，登峩嵋絶頂，超然有出塵之思。生平耽嗜内典，以璫禍歸隱，後奉母避亂於白門卒。」

拜墓 明詩綜選

白下僑居久，身心亦漸安。只因霜露感，不憚往來難。膢臘丁年改〔一〕，流離丙舍寬。傷心無限淚，忍向寢門乾。

校記：〔一〕「膢臘」句，龍眠風雅作「壠樹枝枝老，兒衣歲歲寬」。

雪窗夜讀

童子焚香研墨，侍兒掃雪烹茶。獨坐危樓清夜，詩書吟誦〔一〕生涯。

校記：〔一〕『吟誦』，龍眠風雅作『老大』。

友人話及家君撫蜀舊事感賦

瞿塘三峽水滔滔，氣捲長虹勢獨豪。散入荆吴流不盡，千秋和淚溼征袍。

叱馭王尊惟報國，渡瀘諸葛早登壇。老臣往蹟知誰紀？濯錦江頭劍氣寒。

吴日駒一首

吴日駒　字千里，諸生。

虎丘晚泊

湖天一色隱長虹，千里孤帆挂晚風。何處鐘聲敲夜月，梵王宫在水晶中。

吴日易一首

吴日易　字久可，號梅嶼，順治間諸生，以孫自高貴，贈刑部員外郎。

次韻答浮山友人

尺素傳君客思賒，六朝風景未堪誇。渡頭近日無桃葉，臺上多年不雨花。金谷泉聲天際迴，石溪帆影望中斜。小園蔬菜前村酒，春色偏宜處士家。

吴日昞一首

吴日昞　字錦城，康熙間諸生，早卒。

浮　山

峭壁疑無路，盤旋到此中。畫圖難得似，天地自然工。樹隱飛泉白，山迎返照紅。如何幽静處，盡屬梵王宫。

吴昌猷二首

吴昌猷　字閬圃，崇禎末處士。

春　雨

小霽耽閒步，青郊尚踏泥。麥肥鬚見早，豆冷甲舒遲。緑酒初殘後，黄鸝未語時。春遊惆悵晚，烟裏又如絲。

散　軍〔一〕

軍容爲想〔二〕舊苔痕，故壘蕭條月易昏。一自健兒鴉散後，至今殘破不成村。

校記：〔一〕『軍』，龍眠風雅作『兵』。〔二〕『爲想』，龍眠風雅作『想像』。

吴接雲一首

吴接雲　字燕士，崇禎年間增生。潘蜀藻曰：『流寇至桐，燕士籌守禦之策甚悉。陳令君行之，桐賴以固。暮年冥心默坐，寄意楸枰。所著有大易遺解、燃藜閣隨筆等書。』

贈何醒齋

此心長在五雲邊，目斷觚稜已十年。策對天人猶瀣沐，山名大小是神仙。酒中彭澤吟黄菊，花裏蘭亭落粉箋。應笑故園門〔一〕下客，閉門擁鼻似枯禪。

校記：〔一〕『門』，龍眠風雅作『籬』。

吴汝旂一首

吴汝旂　字隱招，號鯉石，崇禎間布衣，年九十餘。有瓜山集。

悼季子紹納

頭戴夫須笠，身披襏襫衣。日斜猶未返，慈母倚柴扉。

吴宏安四首

吴宏安　字備三，號定辭，國琦子，順治壬辰進士，官翰林院庶吉士，有石塘詩稿。王宗伯敬哉序石塘集曰：『自詩體變而性情隱，深者過之，淺者不及。定辭合深淺之宜，適其性情而止，故其詩無摹古之迹，而大雅在於目前。』

雜詩

鄴侯在衡山，其志未可量。軍中白衣公，曾與聖人抗。一被緋紫〔一〕榮，遂失〔二〕昂藏狀。所以陶貞白〔三〕，只作山中相。層臺教生徒，苓蜜以時餉。余愧倜儻生，千載思酬倡。衣白衣紫，鄴侯猶不免，前後異情紛紛，俗子一入仕場，都忘素守宜哉。

漢廷有弄臣，銅山終餓死。晉稱緑珠〔四〕君，敵國充羅綺。豈無通神錢，何以棄朝市？恩私不相保，倉箱烏足恃。天道盈則虧，消息饒至理。吾讀貨殖傳，獨取陶朱子。

校記：〔一〕「緋紫」，龍眠風雅作「紫衣」。〔二〕「遂失」，龍眠風雅作「失却」。〔三〕「貞白」，龍眠風雅作「弘景」。〔四〕「緑珠」二字底本缺，據龍眠風雅補。

遊浮山

誰能稱大隱？置此名山空。予愛村居僻，人傳花雨叢。蘆殘湖外白，楓老日邊紅。評弈商玄理，泠然憶遠公。

登牛首過峙山草堂

石閣淩雙闕，花風捲夕烟。江明蒼嶺外，鳥度暮鐘前。塔樹團香國，人天戀乳泉。幾年茲一宿，屐齒但隨緣。

吴子雲六首

吴子雲 字霞蒸，號五崖，順治乙未年進士，官户部郎中、河南提學道。

過冰持弟思古山房

雅有烟霞癖，幽居此築林。弟兄千里夢，風雨十年心。乘興探奇勝，曠懷自古今。山居亦城廓，野徑入雲深。

我亦風塵客，閒情此一過。到門落飛雨，結地闢層阿。老樹交蠨蛸，頹垣補薜蘿。會心良不遠，蓮影蘸清波。

飲友人山居

古寺鐘聲日夕聞，桃源路以落花分。門依緑柳聽黃鳥，樓對青山看白雲。博奥自慚蕭穎士，交遊誰是信陵君？鸘鷞貰酒聊同醉，何必窮愁苦論文。

大梁懷古

大塚豐碑枕北邙，梁園東望樹蒼蒼。河山故國沉沙白，鼓吹平臺落日黄。家令干戈遺介弟，文人詞翰奉驕王。千年遺事孤城在，終古河流自逐忙。

阮亭同年祭告南嶽旋過訪留似園一日握别

祭嶽南來禮告成，星轅駐轍慰離情。金臺舊侶春雲散，銀燭新燒夜月横。鷄黍留賓三徑掃，關河敘别十年驚。歸鞍解日應長至，定卜天顏笑語迎。

迎迓方欣兩暮朝，悤悤言别奈無聊。西園把酒傾芝蓋，南浦傷懷贈柳條。雲裏鳳城瞻隱隱，山中鶴夢憶迢迢。期君後會崇臺鼎，好贊嘉謨答聖朝。

吴子宓一首

吴子宓 字廣生，諸生，卒年九十三歲。

老去

老去龍鍾莫漫悲，一時藜杖足追隨。孫曾繞膝支〔一〕持衆，親舊敲門應接遲。耳聵豈徒孤坐寂，眼昏只覺晝眠宜。回思九十匆匆過，强對秋空月上時。

校記：〔一〕『支』，龍眠風雅作『楮』。

吴都一首

吴都 字左賦，順治初諸生。

光山除夜〔一〕

去年此日一還家，彈指經年感歲華。老至誰憐爲客苦？貧來依舊在天涯。訟庭風暖因官熱，冰署裘寒只自嗟。長夜漫漫緣底事，明朝强起頌椒花。

校記：〔一〕『夜』後，龍眠風雅有『有感』二字。

吴循六首

吴循 字炎牧，道新子，順治間廩生，著有忍齋存稿。

偶成

住市情能勝，還山趣已濃。黄精和露斸，白板倩雲封。擊鼓驅田豕，行吟答草蛩。禪關剛咫尺，不寐聽晨鐘。

趙靈修招集桃花塢同馮硯祥卜近魯吕鍾友祝子堅

故〔一〕人折柬到閒居，亂後園林總未鋤。洗馬過江名更噪，玄龍入座氣都除。烹來霜後長螯蟹，釣得蘆根巨口魚。濁酒一杯吟一曲，更深休問夜何如？

校記：〔一〕『故』，龍眠風雅作『美』。

秦淮雜詠

家家河畔木蘭橈，潮去潮來十二橋。翠管别翻無字曲，絳燈休負可憐宵。乍驚螢火烟中亂，虛引星光水上飄。一闋未終銀漏促，明朝重約醉瓊簫。

邸舍呈齊升如

我來梧葉正蕭疏，落葉空庭〔一〕秋已徂。張翰有家鱸〔二〕作膾，陸機無使犬銜書。酒酣只畏醒時若〔三〕，夢好翻憐覺後虛。我亦懷歸君更切，片帆早爲下南徐。

校記：〔一〕『空庭』，龍眠風雅作『庭空』。〔二〕『鱸』，龍眠風雅作『魚』。〔三〕『若』，龍眠風雅作『苦』。

晚泊西梁山

風滿輕帆葦滿汀，寒鴉孤立影亭亭。半規返照山銜紫，一派遥天水送青。賈舶漸從江口集，漁歌争向酒家停。渡南渡北人多少，誰道舟中有客星？

江南白苧詞

小舟無税不侵闗，别港斜穿半里灣。市口家家籠橘柚，一時争説洞庭山。

吴子遲二首

吴子遲　字周泰，號介庵，縣丞職。

登黄華寺

爲趁冬晴日，扶筇山寺行。籬根無犬吠，竹户有僧迎。汲水花生渚，烹茶月在鐺。烟巒堪入畫，滯我到殘更。

田家

忘機任歲月，生計託耕疇。潮落魚蝦出，田肥黍稷收。雨湖船放鴨，烟浦笛呼牛。怯冷衰翁早，紉針補敝裘。

吴時雪五首

吴時雪　字子範，號蓮村，康熙間處士，有晚香亭詩草。王豫蓮村先生傳：『先生父欽之饒於財，值明季寇亂蕩然。蓮村幼依伯兄，及少長館六安，與翰林徐致覺及致章交。後遊江、湘、齊、楚，作爲詩歌，激昂悲壯，爲晚香亭集。暮年乃之京師，館宛平王相國所，凡十年。

辭歸，嘗爲梅林圖，自爲詩而書其壽算於上。一日集賓友，出示其圖，旋無疾而卒，年七十有六。』

桃花行

二月西郊春正好，桃花幾朵舒紅早。最嫌薄倖是東風，吹來片片隨芳草。芳草猶能戀落花，亂紅濃緑半相遮。踏春又過花蹊去，問酒花村何處賒？賒來美酒須盡醉，慎勿將花看容易。今年花謝明年開，轉眼看花老將至。人生那有百年春，底事勞勞暮與晨。花開花謝任春去，只恐桃花亦笑人。

夜雨感懷

酒醒愁仍集，春寒夜轉沉。寺鐘驚客夢，檐雨滴鄉心。慷慨床頭劍，凄涼壁上琴。感時更漏永，輾轉不成吟。

同方樹滋遊翠微庵

高峰迢遞倚秋暉，有客相攜上翠微。疏竹看題高士句，閒雲愛護老僧衣。深林碧樹鹿時見，絕壁長松鶴共飛。畢竟宦遊生計薄，年來肯與壯心違。

蹀　板

妙緣夙結在花巢，春引香魂宿露梢。夢醒悠然無箇事，閒將粉板自輕敲。

春江雜詠

江畔何人繫釣槎，柳陰深處暮烟斜。數椽茅屋聞雞犬，知是漁家是酒家。

吴　昉二首

吴　昉　字五玉，號恕齋，康熙乙卯副貢，官豐縣教諭，有恕齋詩草。

周大士都旋見過不值

客思倚長劍，鄉心切大刀。曾先燕子别，還逐雁臣勞。旅鬢清霜薄，行歌白雪高。遥知懷遠意，憑夢到江皋。

仇在兹王懋功過寺館

晴雲初帶雁飛斜，元度相尋逸興賒。却愛杏花迎客屐，並看柳色到僧家。風流雅擅長城望，神藻驚翻彩筆華。好我頻過蓮社路，漫從咫尺仍天涯。

吴大濱一首

吴大濱 字鳳池，號岳園，康熙間諸生。

雨阻龍泉庵

老僧攜鋤何處歸，隔溪迸土笋正肥。山風吹雨忽然至，驚起滿林花亂飛。

吴　泳二首

吴　泳 字鶴沙，康熙間貢生，八旗教習，有海屏樓詩稿。王百藥曰：『先生屢應京兆試，不遇，乃幕遊秦、蜀、楚、豫。年大將軍開府秦中，以書招之，欣然命駕，翩然竟歸。望溪侍郎嘗稱其介節。』

奉贈年大將軍　二首之一

奇才偉略樹豐功，位極人臣冠上公。玉冊琅函宣紫誥，金章鐵券錫彤弓。天顔有喜崇階近，黼座如春禮數隆。三接寵榮基一德，賡歌颺拜贊休風。

過灘

溼雲片片雨絲絲，蕭瑟寒風撲面吹。終日鎮愁灘上路，不知春去幾多時。

吴騮六首

吴騮　字天駟，號柳峰，康熙乙丑拔貢生，官宿遷教諭，有柳峰集。吴氏家傳：『騮爲式昭子，張文端甥。幼倜儻，負奇氣，文端甚器之。晚年爲宿遷學博，退居後有城西小園，竹樹葱蒨，暇日吟詠其中，名其軒曰「借緑」。取宋詩「借得鄰家萬緑看」之意也』。

立夏日過界溝

忽忽如相失，鄉園不可探。輕舟移渡口，遊子別江南。地與春俱遠，夢憑酒共酣。何當雙乳燕，向我故呢喃。

九賢詩詠黄公得功 九首之一

九賢者，朱公邑、魯公肅、陶公侃、李公公麟、史公可法、楊公爾銘、張公利民、賓公成與黄靖南爲九也。

兵出濠梁道，兼程兩日行。軍聲驚小醜，天意託孤城。柏覆丹心映，山留畫角鳴。春秋祠内拜，遺像凜如生。

子遺記：『崇禎壬午六月，莊烈帝以黄得功爲都督，督兵於江淮、豫、楚之間剿賊。得功至鳳陽，率兵破張獻忠遁走。九月，獻忠自無爲州間道來圍桐，急請救於得功，得功率兵來，斬賊數千級，射獻忠，幾獲之。救還遺民男女數千人，桐諸生父老築宫以祀得功。冬十一月，賊復至桐，殺賓成，執廖應登，張利民作書遣林構、朱正往鳳陽，訂以八日往還，得功出師兼程至，有呼於軍者曰：「黄家兵至矣！」賊皆奔。是夜賊復來襲營，得功伏兵追擊走散，得功乃引兵北還鳳陽。』

社日童方平戴任兹姚敏仲玉笥張衡臣寶臣弟天襄散步南郊

愛踏沙堤近暮天，同人遮莫負流年。花開花落憐蝴蝶，春水春山響杜鵑。社酒醉濃昨日雨，麥畦耕破夕陽烟。蹉跎久别南郊路，轉爲招攜一惘然。

夏日齋居 六首之一

茗椀爐香儘自供，駒馳倏易舊時容。不平氣向疏林散，耐冷情於片石濃。弄日鴉楓莖細細，待霜烏桕影重重。辛勤早護珊瑚果，留與齋前看過冬。

雙溪詩呈六舅父 六首之一

家園清夢久蹉跎，今日投閒樂事多。山路漸深無剝啄，溪流添漲少風波。細疏怪石看雲起，特設長廊待月過。曲曲松堤新築好，考槃清韻滿巖阿。

又呈五畝園詩　二首之一

親營池館闢榛菅，好掩蓬壺竹下關。身羨清閒仍羨健，居鄰城市半鄰山。攤書叢桂蘭香裏，攜酒流鶯鶴唳間。幾度倚欄春雨過，一簾淨洗石苔斑。

吴驊一首

吴驊　字天貺，號碧山，康熙間歲貢生，官吴縣訓導。

過廣陵

騎鶴仙人事渺茫，高情爲愛水雲鄉。堤邊夜雨垂楊晚，堂外春風細草芳。燈影簾櫳聞鼓吹，月明城郭隱帆檣。十三樓下題詩遍，誰是屯田柳七郎？

吴志灝一首

吴志灝 字次淳，號樸莽，康熙間諸生。

潛山道中

墟荒犢健乳鴉嬌，荏苒春光上麥苗。山路晚風花片片，驛門殘照馬蕭蕭。清霜點鬢歸心切，野火燒林送目遥。畢竟封侯非骨相，故園生計在漁樵。

吴志鎬一首

吴志鎬 字士皇，號穀舫，康熙間貢生。

漱芳軒坐雨

雲氣結如幕，莓苔掃復生。屋穿勤補漏，春老不聞鶯。何處探花信，到門多屐聲。有人訪禹穴，幾日滯江城。

吴麒慶一首

吴麒慶 字聖周，號雲麓，康熙間貢生。

遠青軒雜詠 三十首之一

南湖遥望影依稀，樹裏人開水面扉。蘆葉有聲催暮雨，浪花無際濕荷衣。景當麗處雙鴛宿，雲欲移時九鯉飛。滿座松濤天籟發，把杯閒對藥苗肥。

吴聲洋一首

吴聲洋 字若波，號海門，康熙間貢生，官定遠教諭。

紫金精舍

素侶偶招尋，山高集曉陰。風從簾外細，花自雨中深。逐歲添霜鬢，傳歌動客心。興闌好歸去，一路聽鳴禽。

吴志選一首

吴志選 字天階，號巉瞻，康熙己卯舉人。

漁

來往烟江舴艋輕，一竿楚竹寄餘生。桃花浪暖魚争戲，杜若舟晴鷺不驚。斷浦斜陽風笛遠，孤篷細火晚歌清。嚴灘却笑羊裘老，反惹人間識姓名。

吴之逢二首

吴之逢 字岵思，康熙中考授州同知。

感懷

萍蹤重向此棲遲，棘檖空懷世澤貽。一角微名慚藐爾，百年喬木感淒其。小園風雨蘭成夢，故國衣冠杜老思。驛使南來頻問訊，六朝松可似先時？

我生偏值迍邅日，生後蹉跎願屢違。漫詡堂營新緑野，須知巷有舊烏衣。只今五柳聊棲足，計昔三槐已合圍。珍重鼎銘宜競守，勉承通德報春暉。

吴志度二首

吴志度 字鴻際，號巖齋，雍正間監生，有含翠軒詩草。

懷朱墨侯先生

麟角不可得，牛毛紛若斯。美人攬明鏡，峨眉空自知。世好自失真，吴鹽驕西施。天不生伯牙，焉用鍾子期？感君欲爲報，願託長相思。

送春

微雲漠漠雨初晴，惜别頻聞杜宇聲。楊柳大堤烟十里，梨花深院月三更。才從小社聞撾鼓，尚有高樓唤賣餳。一刻千金留不得，年年徒看酒盈觥。

吴啟沃一首

吴啟沃 字格非，號恥園，雍正間諸生，有恥園詩存。

核桃船

洞口飛紅遶澗幽，沙棠蘭槳共悠悠。如何曼倩偷來種，幻作漁郎泛去舟。楫艤花潭迷錦浪，榜歌源水託清流。浮瀛太乙如相訪，應載蓮苞共遡遊。

吴元安八首

吴元安 字静山，號芝江，僑居金陵，雍正丙午舉人，官給事中，有虛直齋詩鈔。張菂齋虛直齋詩序：『芝江早歲以能詩名，家本桐也。僑居金陵，登賢書，入中書省，承辦軍務。旋擢御史，巡視五城，歷兵垣，靖共爾位，夙夜匪懈。嘗於退食餘暇，託興於詩。君爲人質直和易，世味鮮所好。平居一几一硯，隨處陶寫自怡。接物無妝飾，與人交，外淡中堅，篤始終，故其爲詩意到筆隨，不爲鉤棘艱苦之辭。性情所注，非友朋琴酒之會，則停雲落月之詞；非江山緜渺之思，則花鳥流連之什也。其庶幾乎沈而摯、曠而恬者歟？』

爲人作擘窠字後漫成

作字愛擘窠，作詩愛長歌。擘窠揮灑如屈鐵，長歌浩瀚如懸河。不作拘攣囁嚅態，人生樂事甯有他？腕無千鈞力，胸無萬卷書。强將弱腕並枵腹，欲爲窮大徒失居。自嘆蹉跎負厥志，聊舉區區嗚所嗜。

飲方貞觀寓齋

江上孤吟客，長安作寓公。蒼茫今夕合，尊酒故園同。香燼餘詩話，窗虚凜朔風。畏聽街鼓動，俯仰意無窮。

中秋

浩蕩關河迴，清輝萬里同。人間輪盡滿，天上桂無風。蓮露霑衣白，蟲聲避燭紅。年年逢此夜，相思酒杯中。

初遇舍弟墨莊

十里松杉十畝田，晚禾風動釀霜天。疲驢作意迷山路，老僕開顔話昔年。新設柴關棲自穩，欲殘楓葉樹如然。慚予竟作江南客，怕睹飛鴻落照邊。

清明感賦

春風春雨欲銷魂，夢繞龍眠與白門。幾處豐碑隔江水，十年素旐寄山園。傷心何日題阡表，觸景隨時有淚痕。况是清明倍惆悵，杜鵑聽罷又聞猿。

途中口號

十年飄泊客天涯，馬上春歸未見花。今日北山山下過，落花如雨送還家。

題三崧扇上罌粟

槐廳退後日初斜，貝葉牙籖欒歲華。似識小厨供佛粥，一叢香綻米囊花。

遣　興

夾岸梅花磵水清，暗香疏影屋三楹。案堆圖史琴棋榻，燈火未來新月生。

吴彦璁二首

吴彦璁　字璧如，諸生，有敦風堂詩稿。

舟行小飲

扁舟淩曙色，縹緲絶人群。浦暗遥吞樹，湖空不礙雲。浪推沙島出，風挾寺鐘聞。賴有滄州癖，停杯眷夕曛。

錬字巧不入纖。

懷石龍衍公

朝來望遠公，遥想萬峰中。祇樹浮雲緑，天花墜雨紅。夜看山吐月，時對竹吟風。不覺懷君切，新詩借鶴通。

吴彦溱一首

吴彦溱　字舟之，諸生。

送霞蒸叔入都兼柬方師子治

繫馬長亭勸此杯，青雲隨鐙上金臺。元方若論寰中士[一]，小阮殊慚天下才。薊北三春偏少雁，江南五月更無梅。夢遊微識關山路，只待秋風鼓翮來。

校記：〔一〕『士』，龍眠風雅作『事』。

吴隆騭五首

吴隆騭 字鄧乂，號退餘，雍正間考授州同知，累贈刑部河南司主事，有拙餘軒詩集。

吴氏家傳：『幼勤學，工爲詩，性寬和好施。予嘗於除夕見二童稚哭於途甚哀，其族子也，孤貧無所依，遂攜之與弟澗六，各爲撫育成人。騭初無子，年至六十一，復生子貽誠、貽詠，咸以爲厚德之報施云。』方植之延陵四世詩鈔序：『退餘先生久困場屋，連蹇不得志。年六十前尚無子，可謂不得志甚矣。而誦其詩浩浩乎，渢渢乎，吟詠性情，抒寫遊歷，其胸中絶無忿怒愁苦之氣，哀怨侘傺之詞，則可謂之德音者與。』

述懷 三首之一

仲夏日亭午，雲陰互顯晦。由静會我心，失多得不逮。隨化觀乘除，人天罔有礙。古人已不作，莫由聞謦欬。惟餘敝簏書，精意遥能載。撫卷深長思，往籍予夙愛。隱几與追隨，夢醒發深愾。以此忘炎暉，閒居安大塊。

宿姚氏滋園

幾日春歸去，新陰障綠天。幽人過白社，古澗落紅泉。花外書聲度，林間梵鼓傳。會心真不遠，到處總悠然。

留別培之

一笑長干市，王孫感舊遊。典衣沽美酒，聽雨上高樓。桃葉當時恨，梅花故國愁。相思在何處，别夢繫孤舟。

贈方二高移居家山室步荆敢韻　二首之一

青山到處可爲家，休嘆吾生亦有涯。謀婦春成供粔籹，留人炊飯熟胡麻。庭前相伴梅兼鶴，户外初栽豆與瓜。瀟灑鹿門偕杖履，等閒休愛洛陽花。

閒意

九十韶光奈若何，風風雨雨送春過。小園寂寞休惆悵，開到荼蘼蝶又多。

吴尚一首

吴尚 字上謩，號丹峰，雍正間歲貢生。王悔生曰：『丹峰書法遒媚，畫亦擅長。居京師，館蔣文肅宅，文肅遺跡多出其手。身後書籍惟存詠物數首，今録其一。』

聞雁

秋風忽散滿天霜，夜起南樓雁幾行。纔聽一聲雙淚落，惱人何必更他鄉。

吴如春二首

吴如春 字蓂來，號鐵山，雍正間諸生。

秦淮客窗作

秦淮春漲碧潺潺，燕子歸時客未還。簾捲殘紅三月雨，窗含新翠六朝山。楊花情緒懸流水，桃葉歌詞唱小鬟。齊蹶梁顛成底事，已無遺跡在人間。

韋相集中佳構，三、四尤移置他處不得。

送春

碧雲天際送歸鴻，楊柳溪橋石齒通。纔得春來又春去，落花無語怨東風。

吴如旭三首

吴如旭 字曉岑，雍正時諸生。

夜　坐

幽鳥宿高樹，中天耿玉衡。燈挑還獨坐，漏下已三更。古劍蛟龍氣，孤桐山水聲。憂思漸不寐，窗紙漸微明。

蘭隱山房種竹

疏影幕烟重，清幽占一峰。誰能持作杖，應化葛陂龍。

春　寒

十里樓臺烟樹微，何人玉笛思依依？黄昏滿院梨花雨，簾外春寒燕未歸。

吴　粲一首

吴　粲　字赤霞，號瑛江，雍、乾間貢生，有培風書屋詩鈔。

培風書屋落成

久避囂聲向一隅，親開白板水雲區。庭前不種閒花草，朝露留描蛺蝶圖。

吴　直十九首

吴　直　字生甫，號景梁，乾隆丙辰舉人，有井遷詩集。吴訒甫井遷先生傳：『先生少居金陵，年二十從其父歸桐，折節讀書，覃思窮力，寢食不暇。嘗集里生爲文社，適望溪先生自金陵至，讀其文，異之。以親老授徒于鄉塾，善講論開發後學。後乃遊京師，北至馬蘭關中。丙辰舉於鄉，年已老矣。工爲古文，峻潔超拔，得史遷之神，詩無意求工而清妙靈雋，往往沁人心腑。生平著述甚富，而所存者十不逮二三云。』

寄盛孔大

枯桐斷哀絲，與子經時别。苦憶南湖秋，扁舟話明月。東風何日生，萬壑梅如雪。攜爾琴張游，浮山醉白髮。

山　居

人世少可愛，結宇蘭谷中。鷗群一相狎，策杖西復東。涉境各有得，所得旋已空。忽不知日入，隔溪呼鄰翁。村酒幸能賒，飲少顔亦紅。林禽啼曉夢，山花醉春風。吾亦調素琴，誰能辨化工？

送丁默滋

木落江上漁樵稀，江水流空寒雁飛。孤舟送君天際歸，朔風吹我殘貂衣。揮手欲别中心違，豈恐男兒甘息機。浮名得失無是非，勸君磨劍揚光輝。黄鵠白鶴終相依，且向巖穴扃雙扉。

秋　思

風颯颯，雨蕭蕭，落木紛紛人寂寥。山荒路僻親知遥，明鏡朝窺鬢毛凋。男兒日持酒一瓢，無能奮翼凌春霄。既不羽箭隨驃姚，又不蓑笠追漁樵。昂藏七尺何所聊，悲秋愴怳吟中宵。

胡襲參齒落

故人病起滿頭雪，白齒忽與朱唇别。平生慣駡肉食人，乾濡從今兩不決。眼暗耳聾應自愁，昏冥可得長生訣。簡斷編殘魔障多，尚使焚膏瀝心血。

春晚夢夏湘人

荒徑草何滿，小園春欲歸。只教人北去，不見雁南飛。山峻吏多雨，風寒還逼衣。相思占苦夢，寂寞掩柴扉。

客感

絶域雄關北，窮邊遼海西。古城無復堞，春水自爲溪。枕聽山猿嘯，門臨寒草齊。思兒求事拙，推分結幽棲。

贈胡司業

舊雨一樽酒，春風三月花。憐君官是隱，似我客爲家。短髮通仙籍，長貧謝物華。詩人如命達，五柳誤生涯。

詠懷

白雪垂雙鬢，天邊任轉蓬。三年窮薊北，十載卧山東。輵轕琴心静，支離劍氣雄。長城孤日落，明月萬山空。

柴門連月閉，勝事劇關心。屋裏山如畫，檐前竹有音。緑槐團鳥語，涼月轉花陰。隔却疏籬外，幽奇好獨尋。

梅花

獨有梅花是故人，枝枝向我笑顔親。青衫破帽還爲伴，冷豔幽香不厭貧。豈望孤蓬成小隱，聊乘半醉度芳春。昔年親友多無恙，誰復南鄰與北鄰。

雨中獨酌憶六安夏湘人舊館因寄

一瓢春色對孤琴，誰愛清狂醉客心。高樹風鶩黄鳥去，疏簾雨暗碧苔侵。君書萬卷無人借，我屋三間有夢尋。何日小舟歸淠水，晴郊攜酒話深林。

送春傷别又憶胡司業

青山兀兀對茅堂，流水濺濺趁夕陽。萬古勳名皆夢幻，三春花鳥亦滄桑。莫教人爲朝雲老，只恨鵑啼夜月長。索寞琴書唱無和，招魂何處達仙鄉。

和左策頑贈别之作即次其韻

骨肉交情四十年，半成胡越淚潸然。關山只任孤蓬轉，魚雁何曾一字傳？蠟屐叩門殘雪徑，布帆分袂早春天。離愁更話知何日，白髮相看實可憐。

憶李厚齋

文章敢道埋千載，知我如君世所稀。昌歜不妨憐癖性，芙蓉莫更製秋衣。春風隔水連今雨，衰草長城坐夕暉。海畔鵷鸘成彩翼，天衢應見絶雲飛。

西湖泛舟同山東盧刺史澹園李邑侯敏叔渭占杭州沈道士

載酒晴湖試早春，蔚藍水共翠螺新。追隨東海騰蛟客，邂逅西山跨鶴人。鐘聽隔林尋古刹，祠瞻遺像吊名臣。明朝吴越分蘭槳，十里梅花入夢親。

秋日得黄石渠書因憶前年春以疾還家石渠送别

分手芳郊正落梅，故園两度送春回。曉鶯殘月夢還去，寒雁西風書一來。寂寞琴心斷流水，支離肺病怯登臺。還山漫説成嘉遯，松樹何曾買地栽。

别門人張芬

朔風吹衣裳，行行與子别。明日此經過，空有門前雪。

春晚憶亡友胡司業

桃花落盡梨花飛，風雨淒淒春又歸。湘水佩蘭人不見，欲招魂魄夢依稀。

吴自高二十五首

吴自高 字若山，號慈受，乾隆初監生，官刑部員外郎。張文和澄懷園文存：『翰林待詔吴子若山，注善卷堂四六成，以眎余且乞余序。若山爲余表姪，少嬰足疾。鍵户十餘年，尤能博通群籍。雍正庚戌，余以章奏繁劇不能手自繕寫，若山工楷法，延至京邸，一以任之，曾蒙世廟垂問姓名。皇上在青宫時，因亦稔悉。洎登大寶，遂有「爲人慎密」之温旨，授以斯職，異數也。若山思有所著述，十餘年來丹黄點竄，手不停批，兹其一也。噫，若山可謂績學不倦者矣！』馬樹華曰：『張文和秉軸時，一德之孚近世罕有倫比，先生久居邸第，事無鉅細，獨得預知而絶無所宣洩。既歷曹司清勤，著聲上官，將薦爲道府。有日者言官可躋三品，壽不過七十，若以郎官歸田，則年臻耄耋，而貧特甚，遂決計引退，買舟歸里。惟藏書五千卷，日夕自娛。凡歷朝治亂興廢之跡，人才邪正進退之數，以逮掌故沿革，瞭如指掌，又能記憶明確，某書某卷隨問隨答，後學問字者踵相錯也。所著有善卷堂四六註、邑志補正、秋蔭軒詩文鈔。』

胡振華投詩論書次韻答之

年少青雲器，超然邁等倫。愛聽出谷鳥，却掃倦遊人。甫也工無益，羲之樂有神。惠風和暢日，娛目物華新。

夜渡

囊書争野渡，暝色正蒼茫。一望水無際，紆回路更長。螢疑前岸火，月照半湖霜。借問舟中客，誰安翠被香？

蛩聲

迥夜傷摇落，寒蛩動遠心。空階吟斷續，孤枕夢浮沉。結愛含風韻，煩憂怯露深。老懷縈野外，何處豁秋襟？

晚郊

薄暮愜幽尋，閒郊自在行。蟬聲咽高樹，梵唄出疏林。月上長空澹，烟生兩岸陰。留人風正好，細細拂衣襟。

過野寺

鐘聲殘宿雨，屐齒踏香泥。嵐翠浮峰溼，雲烟壓柳低。到門春水曲，聽鳥夕陽西。一笑松風爽，茶瓜細品題。

雨後過望華軒

一片沉雲散，新涼雨後天。屐侵三徑草，窗納九華烟。松翠溼如滴，鳥聲清可憐。笑譚揮麈尾，落日嶺頭圓。

送方二十二之山左

復作殊方客，銷魂折柳磯。白頭與黄口，别淚濺征衣。帆影收微雨，江聲送落暉。獨行千里外，消息未應稀。

贈崔山人

拏杖踏殘雪，來過崔九堂。春風回衆壑，梅樹照斜陽。藏酒耽奇士，譚詩慕古狂。長安車馬跡，應不到柴桑。

題姚範冶秋夜彈琴小照

碧梧疏影落，入夜起閒情。一會此中意，如聞絃外聲。神同秋水澹，調合松風清。爲約西窗月，聽君大蟹行。

題小嶺古寺壁

深林通一徑，石磴接香臺。澗響松濤合，江昏梅雨來。荒階多烏鵲，古佛上莓苔。過客空惆悵，殘栝幾劫灰。

送巢桐重遊都門

囊書又北征，勿起別離情。秋水長天淨，風帆一葉輕。故山甘寂寞，威鳳待飛鳴。應是金閨彥，毋忘鷗鷺盟。

梅　花

春雲寒不散，春信到梅花。流水高僧寺，空山處士家。香隨人跡遠，影帶雨絲斜。尊酒何時醉，高眠意最嘉。

早發石溪

荒雞催早發，淡月正西斜。霧薄初分樹，林深未見鴉。孤鐘鳴水寺，數犬吠山家。何處尋舟子，空船卧淺沙。

訪樹千花坪

竹樹深藏白板扉，十年重過路依稀。雲開遠岫青當户，水滿秧田緑上衣。老我論交情倍切，少時同學意多違。春城回首堪惆悵，風雨淒淒花亂飛。

哭家超麓

誰爲先生一問天，勞勞身世赴長川。爲儒未獲詩書報，作客偏慳劍舄緣。埋骨至今艱寸土，招魂無子慰重泉。三間破屋青溪口，烟冷垂楊咽暮蟬。

乙未元旦

過去堂堂歲月寬，八旬有一起居安。檐前鳥語喜朝霽，窗外梅花耐雪寒。問寢相看稱四代，擁衾不覺已三竿。白頭但願殘年飽，再拜人扶慶履端。

丙申元旦

今歲重逢紀丙申，回思弱冠累雙親。壯心潦倒因多病，薄宦蕭條守素貧。歲月屢遷人易老，風光一轉物惟新。小窗淑氣迎朝旭，晴映梅花滿目春。

夢

擁被醺酣透帳羅，黑甜哀樂復如何。曾懷彩筆揮無倦，試問黃粱熟幾多？錦瑟自憐迷曉蝶，銀牀誰不戀南柯？莫教尋鹿搜蕉葉，直擬芳心逐逝波。

古別離

柳絲空有情，繫馬自無力。會少別離多，何如不相識。

送人之楚南

買棹湘江去，離情湘水深。洞庭秋色滿，莫漫動鄉心。

過逸園

西園風景四時春，草木樓臺部署新。列岫浮雲歸未得，投林倦翮伴遊人。

訪山僧

萬疊雲烟繞翠鬟，斜通一徑古禪關。怪來尊宿明雙眼，飽看門前四面山。

題李儀曹山水

營丘潑墨寫溪山，恍接龍眠烟靄閒。寂寞空亭松樹裏，主人何事不知還。

次胡淡泉墨竹原韻

墨池一片香雲溼，戲寫清風五百竿。吴仲圭句。憶昔秋深夜不寐，小窗移影月光寒。

畫牡丹

楊家新染御衣紅，瓊島飛來舞袖同。爲語春工莫惆悵，此花不畏雨兼風。

吴置高一首

吴置高 字殿揚，號醒亭，郡增生。

梅花

何處梅花好，寒巖早占春。輕烟浮綽約，流水淡精神。性冷偏宜月，香清似近人。詩情驢背上，不厭往來頻。

吴向高二首

吴向高　原名生澂，字雲槎，號卓山，郡庠生。

重過竹林寺

遠逐鐘魚度石橋，贊公房鎖竹蕭蕭。三年過此曾題壁，試拂苔痕墨未消。

行田間作

桔槔聲裏日初低，青漾平田秧正齊。知有人家溪水外，緑陰濃處郭公啼。

吴　琅十四首

吴　琅　字春南，乾隆間諸生，有浣花軒詩稿。

春詠

楊柳青絲垂，桃花紅未飛。公子調歌扇，佳人弄舞衣。籠香燃百和，鬢花插九微。窈窕蛺蝶粉，羃𪊓蜘蛛絲。請謝彼姝子，願得少年時。

柔情綺麗，似梁簡文。

少年行

江南二月春風起，緑波揺漾湖中水。水邊垂柳復垂楊，掩映誰家白面郎。翩翩年少競繁華，渾成妝束天孫霞。紫騮嘶入芙蓉陌，金丸驕落櫻桃花。東家女兒花滿頭，朝日含情上翠樓。銀箏閒伴流鸎語，珠簾輕捲春風愁。春風吹入香塵路，傾城傾國欣相遇。自古紅顔惜少年，肯使春風等閒度。春來春去年年好，昨日紅顔今日老。劇憐金谷醉春風，忍使蛾眉怨芳草。蛾眉新月纖生波，美人欲醉朱顔酡。雲屏婉轉嬌無力，梨花一枝春露多。春露無聲月滿樓，梨花深院夜悠悠。人生行樂不稱意，片片楊花逐水流。

姑蘇曲

蘇臺春曉花如綺，雲□廊□流鷺起。三十六宮春夢間，珠簾高捲吴江水。吴江江上芙蓉多，錦帆點蕩雲坡陀。銀箏夜疊相思譜，蘭槳朝吟白紵歌。銀箏蘭槳人如玉，西宫一夜笳聲促。鴛鴦飛去屧廊空，綺羅香散湖光緑。回首繁華能幾時，花洲日暮雨如絲。雲鬟緑鬢若長在，不冶黄金鑄范蠡。

懷楊米人湖南

冉冉春云暮，花期懶慢過。美人隔湘水，寒食雨風多。壯志篋中劍，高懷醉後歌。武昌門外柳，青眼近如何？

雨後過勺園贈張鶴亭

微風散萍緑，空翠澄箖箊。愛此意有適，言入幽人居。彈琴白雲遠，待月松窗虚。余亦南山侶，臨流欲羨魚。

浮山遇雨

浮山不可見，浮雲何處歸。松風吹暮雨，渡口漁樵稀。行到青溪曲，遥看白鶴飛。相期入林叟，宿我雲中扉。

訪某山人

春來今幾日，未到龍眠隈。忽憶山中客，應開溪上梅。翩然采藥至，隨意抱琴來。門外能言鳥，佳醞正新開。

春夜喜希坦表弟自楚南歸

杜宇聲聲夜欲殘，落花飛絮滿柴關。十分春自愁中過，千里人從月下還。帆影白浮鸚鵡渡，雨痕青入鳳凰山。酒闌更唱南湖曲，夢繞瀟湘十二鬟。

重九同諸子登高

放懷重九一登臨，天外西風感不平。鴻雁書來人獨遠，芙蓉秋老水同清。誰家緑樹依蘿薜，舊日青山管送迎。珍重鷫裘休貰酒，欲憑書劍事長征。

秋江返棹圖

落日秋江清，江上葦花白。何處下歸帆，知是潯陽客。

怨情

楊柳絲絲拂地垂，楊花三月滿城飛。妾如萬縷柔絲綰，郎似飛花去不歸。

夢得竹枝遺響。

采桑曲 二首之一

春林處處是蠶房，采遍南岡又北岡。日暮蹋花歸去晚，黃鸝啼過小横塘。

方玉舟之淮揚 二首之一

征塵纔拂鷫鸘裘，峽樹川雲憶舊遊。道是還家君又去，梅花香裏下揚州。

饒州郡齋有感

故山迢遞雁初飛，伏枕從教客思稀。多謝秋香亭畔柳，爲余青眼尚依依。

七絶數章，深情逸韻，堪以舉似徐惟和。

吴巨珩五首

吴巨珩 字儒懷，號白巖，乾隆時國子監生，有振雅山房集。王晴園曰：『白巖精書法，自永興、河南、平原、北海，靡不臨摹而得其意，詩亦清剛雋上，高出冠時。五言如「河迴星猶溼，江翻天亦流」；「披雲坐雙樹，對月怪三身」。七言如「潭空鏡影豁明月，峰峭劍鋩摩紫霄」；「解脱漫勞香積飯，趺跏閑對紫茸茶」；「畏人坐上稱甘蹪，教子燈前學短吟」，皆見蒼秀之致。』

雨後竹紫巖觀瀑

空山風雨聲接續，不變朝昏坐林屋。披蓑戴笠出蓬門，溼霧寒雲猶未宿。隔樹淙淙振耳來，知是巖巔千丈瀑。銀河倒瀉春雷轟，懸入漢崖注幽谷。老衲坐此不知年，雙丸沐浴風光速。山鳥亂飛天欲暝，漸迷歸路行曲曲。回聽清磬水聲中，引起千竿竹烟緑。

紫霞關

朝日出，暮日入。仙人煉丹九轉成，口中丹氣相呼吸。

奇崛。

陳立山先生歸里

蜀道如天雲樹遮，行旌遥指舊山家。自栽門外五株柳，不愛川東百里花。歌聽滄浪横舾艇，機忘鷗鷺戲平沙。西鄰小子邀青睞，問字殷勤到絳紗。

望文選樓

帝子已赴玉樓召，斯樓猶矗青山隈。選文百代尚球璧，依佛先王空草萊。渺渺石城水雲隔，盈盈秋浦芙蓉開。道旁惆悵未登眺，風雨渡江他日來。

寄汪吾山章貢署中

蛟臺南望郁孤臺，萬疊雲山帆外開。庾嶺梅花分驛寄，雙江竹箭抱城來。文城勳蹟空祠宇，玉局風流邈劫灰。知向長天頻極目，爲余憑眺一徘徊。

吴巨琇八首

吴巨琇 字清之，號荃石，乾隆間國子監生，有荃石詩稿。王悔生曰：『荃石詩才警敏，頃刻可十數篇。生平所作几及萬首，嘗倣謝四溟燈韻詩作七言律經三十首，一夕而就云。』

慶陵泛舟

天甯門外湖光好，練影横鋪碧縹緲。夾堤金碧起樓臺，畫船遊冶無昏曉。船上酣歌雜管絃，桃花含雨柳含烟。醁酒晝催千斛進，絳燈夜駭百枝然。年年歲歲長如此，黄金棄擲如流水。古聞西子比西湖，此湖借問誰堪比？紅橋幾曲鬱相望，烟樹千重又蜀岡。掠水雙雙金翡翠，隨橈對對錦鴛鴦。停舟近傍平山麓，更躡飛梯縱游目。夕陽欲下初月生，遠近山光向人緑。

秋夜客中有感

忽落思鄉淚，逾悲行路難。乾坤頻攬鏡，風露罷憑闌。月白千山静，秋清萬木寒。依依故園菊，此夕復誰看。

江行

秋色竟如何，秋風江上多。青山兩岸出，黄葉一帆過。采石餘殘靄，天門起夕波。荻花蕭瑟甚，烟外有漁歌。

隨園

一葉扁舟江上來，幽尋深入水雲隈。到門未擬輕投刺，坐石何須竟舉杯。畫槳輕浮花外艇，紅蘭高護竹梢臺。西風落木秋光老，已有寒梅數點開。

蘭隱山房有感

殘春風雨奈愁何，聊倚山樓一放歌。亂石苔深人跡少，曲廊花落鳥聲多。誰攜美酒招佳客，剩有殘枰冷薜蘿。少小追歡成往事，浮生真似夢中過。

秦淮夜泊

繫纜青溪紅板橋，何人橋上自吹簫。消魂潮落潮生夜，畫舫銀燈夢六朝。

三　山

白門秋柳不堪攀，買得吴舟計日還。多謝江風送歸客，半帆斜日過三山。

江村秋暮

秫釀新成偶獨斟，杖藜徐引更長吟。殘霞散盡月初上，落木滄江秋氣深。

吴巨瑄二首

吴巨瑄　字□□，號菊莊，乾隆時諸生。

詠桃笙

爲愛夭桃最好枝，非藤非竹軟如絲。一庭月浸冰紋細，正是江花上筆時。

徐　州

河流曲處見黄樓，樓上寒鴉點暮秋。行盡淮南又淮北，西風吹客到徐州。

吴中蘭十四首

吴中蘭　字伯芬，號香畹，乾隆時歲貢生，選建平訓導，有閑存草。

春晚過王淡漪

山居苦霪雨，高枕垂簾幃。朝來忽新霽，山鳥鳴晴輝。悠悠念儔侶，十日相見稀。獨行竹下路，往叩松陰扉。主人亦愁卧，客至披春衣。命觴欣共酌，談笑皆天機。人生不能飲，獨醒計已非。何况隙駒景，逝言去騑騑。林花落欲盡，明日春將歸。

春日同策心星溪荃石勖園集白巖振雅山房

朋好苦離别，况復爲知心。衫履暫相聚，那能不高吟。遲旭減春寒，薄雲生春陰。斗室山之隈，喜無塵埃侵。朱梅開屋角，两两鳴新禽。對之暢懷抱，興發渾未禁。却憶遠游客，謂晴園、岑南。渺渺春江潯。悵望不可見，有酒且酌斟。搜腸得奇句，璀璨如璆琳。剩欲將幽韻，寫入花間琴。吁嗟漫拂絃，誰識正始音？紛紛豪華子，衣錦兼懷金。狎遊破顏笑，正言結舌瘖。方圓異枘鑿，相顧宜相箴。甯爲世所棄，勿爲俗所欽。古來束脩士，閉户松篁林。

待　月

高天夜静涼如洗，一片秋光清萬里。繁星四映荷當中，耿耿光摇千尺水。悵望江樓獨倚欄，憑高佇立怯衣單。桂花何處香飄拂，時有西風吹我寒。我歌未發酒具陳，長呼遥指海東雲。須臾湧出波心鏡，飛照樓頭待月人。

江樓有懷

古戍初聞笛，危樓獨倚欄。月華隨野闊，河影落江寒。悵望情何極，長吟夜欲殘。美人隔千里，烟水曠漫漫。

四語奇闢。

菱　湖

菱湖秋雨後，湖水碧無涯。一鷺閒於客，雙鷗眠在沙。晚來風片片，初上月斜斜。怪底香侵席，舟行入藕花。

秋夕遲絅蕣不至

殘陽猶滿郭，新月已横天。坐我樹邊石，遲君湖上船。晚風涼入檻，遠水淡生烟。幽思殊難已，清秋愈可憐。

後重陽日登高

千里歸帆挾怒濤，黄花滿地正秋高。醉攀碧巘杯重把，笑問青天首更搔。夙願十年真畫餅，豪情一日尚題餻。西風莫漫狂吹帽，漸有霜華上鬢毛。

春日同澹漪晴園分韻

細雨纔過寒食節，東風乍暖賣餳天。萬山烟景晴堪掬，三月鶯花春可憐。浮白高樓傳舞琯，踏青香陌拂吟鞭。韶光欲買應無價，莫漫金錢擲十千。

七言摘句：『三華寺明霞彩日，三山曉翠竹長松。』『六月寒京口阻雨，江氣全昏春雨緑。』『山光淡抹晚烟青，過敘軒山莊黄鳥。』『緑陰留午榻朱櫻，紫笋殿春厨山居。』『槐徑緑團亭午影，藥欄紅亞殿春枝。』『曉發揚州二分月，逐雞聲墮六合山。』

自君之出矣

自君之出矣，孤月照深閨。思君如烏鳥，夜夜五更啼。

南朝諸作外，復另抒一意。

響雪橋

飛虹跨山澗，晴雪落林杪。侵寒事朝汲，石鼎煮瑶草。

莫愁湖

美人何處訪遺瓊，留得平湖占豔名。漫擬移家湖上住，蒼茫烟水更愁生。

翻新。

桃　花

緑烟紅雨鬪鮮新，更有垂楊拂畫輪。上巳纔過又寒食，春光何處不憐人？

水仙花

雲質冰魂小字仙，幽居在水月娟娟。洛妃是姊湘妃妹，解珮凌波盡可憐。

過楊碧溪山居

門倚蒼崖曲曲開，芳香繞屋盡寒梅。滿天風雪清溪棹，爲聽琴聲載客來。

吴中芝九首

吴中芝　字叔莊，號對溪，早卒，有對溪詩草。王悔生集吴叔莊傳：『叔莊家貧，好讀書，尤精于論古。秦漢以來人物臧否，時代久近，皆能亹亹言其顛末〔一〕。工于詩，得六代三唐作者之遺意。』樅陽詩選評：『對溪清規雅韵，在前明最近徐、高二家，五六斷句尤有深致，惜未永年也。』吴滄泉曰：『叔莊英分良高，于詩尤長五言律截，其卓絶之作，已可抗衡古人。天假之年，當以詩擅名一代，乃年逾弱冠而遽殀，惜哉。』

校記：〔一〕『未』應爲『末』。

擬　古

淺草著飛絮，日久相纏綿。女蘿附喬松，不覺兩情牽。流水無定意，落花有餘妍。春風枉薄倖，我儂故相憐。

送友之關中

下馬攬衣頻，同爲離別人。王程二千里，花發一時新。地勢多連楚，河流遠自秦。勝遊成好句，常寄皖江濱。

吴評：『如讀前朝徐、高詩。』

春日寄王澹漪

春草下階緑，飛花著翠苔。玉壺明月夜，芳樹美人來。繡帳芙蓉暖，瓊筵玳瑁開。含情理瑤瑟，幽思繞絃哀。

吴評：『真得六朝人妙處。』

卧病

經秋一病無可言，坐卧但得忘囂喧。空房寂寂户長掩，寒雨淒淒燈欲昏。時聞四壁蟲暗語，獨擁一榻衾微温。更有西風故相吹，夜深落葉愁紛紛。

登樓

昨夢揚州好，清晨獨倚樓。鶯花寒食近，無計遣春愁。

怨詞

明月如弓絃，流星如彈子。弓張彈去遠，一去萬餘里。

怨情

月下玉除寂，更長夢不成。挑燈寒坐久，簾外落花聲。

從軍行

黄河莽莽陣雲浮，飲馬闗前畫角秋。四野星垂沙似海，夜深誰唱古梁州？

寄興

非漁非圃亦非樵，春服新裁野興饒。醉向飯牛棚下宿，落花如雪草蕭蕭。

卷十四

方聞　蘇惇元
徐士秀　徐　軒　同校

吴貽誠十二首

吴貽誠　字荃石，號竹心，由保舉官新河知縣，有静者居詩集。吴氏家傳：『隆鷺長子少秉家訓，與弟貽詠友愛無間言。幼能詩，精持格律。就職主簿，以保舉，令静海，調新河，卒年四十九。』方損齋静者居詩集序：『先生爲種芝吏部兄，吏部曰：「兄少而困於貧，壯而倦於遊，老而勞於官，跡其生平多不如意。其發爲詩歌，道性情，紀民物，或清以奇，或雄且傑，言皆有物，語必驚人。」余讀其詩良然。因念吴氏自退餘先生以詩學啟其宗，哲嗣則新河吏部，文孫則春麓侍御、星槎刺史、岳青徵士，曾重則子方、遜先，一門四世，人人有集，六詩三筆，得得呈材。此家學源流之盛，亦桐山鍾毓之美矣。』方植之曰：『竹心承庭聞之訓，其詩警創奇闢，時有遠想。入仕後，多道民隱，似元次山。』

龍眠山莊

層巒何靜秀，曲澗自清淪。瀑濺半空雨，山涵太古春。人間星物煥，天上畫圖真。李公麟山莊圖今藏於内府。名共貞松壽，龍身簇萬鱗。

板子磯

一戰竟誰是，臣心耿大川。江聲鵝鸛雨，山色荻蘆烟。南内花沉井，東人檄在船。赭圻遺址遠，官柳拂吟鞭。

山城曉發

春深積翠暗林塘，曙色徐開石路長。竹葉數村人面冷，菜花十里馬蹄香。溪聲古寺呼茶客，雨意荒園賣筍郎。得得小溪差免俗，殘紅收拾半詩囊。

讀晉書　二首之一

攘戎無計勢終傾，半壁徒收幕府兵。百六椽皆趨白下，甯馨兒果誤蒼生。風流拄笏山如洛，慷慨聞雞月在城。早是樓船留後策，吴宫春鳥晉宫聲。

智園庵　二首之一　庵爲十一世祖蓮舟公修建，家君延僧主之，負郭臨溪，爲一邑胜覽。

逃禪十畝近郊坰，寺擁桃花户半扃。投子一峰青入院，偃虹雙影倒垂亭。嵐烟似幻文殊法，水鳥曾聽般若經。莫訝老僧難面壁，春遊取次鬧風鈴。

讀史雜賦　七首之一

樂府開元紀盛唐，三郎底事竟郎當。東宫善剪桑條亂，别殿偏懷荔子香。花萼醉醒停羯鼓，馬嵬生死問香囊。珍珠曾報樓東賦，瘦損江梅恨亦長。

玄宗既平韋氏内亂，而已復以玉環致亂，目睫之喻，諷刺深婉。

冬日平舒官舍落成 四首之一

荒村小築聚圓沙，衰柳寒烟懶放衙。几上雲生雲母石，盆中水貯水仙花。雖經仕宦仍爲客，可置琴書即是家。慣我清貧工結構，此鄉差喜荻蘆賒。

蓮塘夜歸

回塘夜色映紅衣，款款清風香氣微。十里芙蓉三尺水，板橋涼月送人歸。

小園雜詩 八首之四

春色三分春尚寒，紅羅步障隱闌干。東風一夜香如海，慢捲珠簾看牡丹。

圓沼波涵四面春，錦鱗無數泛青蘋。花翎小鳥何時至，貪啄池魚不畏人。

丹嶂蒼茫夕照間，銜杯偶爾倦躋攀。卯君戲斫鬅鬙樹，疊作蘇家木假山。

一泓淺碧漾琉璃，獨引新醪洗舊詞。百舌枝頭連夜雨，可鄰虚過踏青時。

吴貽詠十九首

吴貽詠 字惠連，號種芝，乾隆癸丑會試第一，官吏部主事，有芸暉館詩集。吴氏家傳：『公爲退餘次子，少穎悟，家貧無以自存，而誦讀不輟。嘗泊舟臨海，適賊匪王倫滋事，公意氣閒暇，慷慨撫慰，同人壯之。生平與物無忤，屬文嚴整精密，詩宗盛唐。』戴璐藤陰雜記：『名士晚達，如姜西溟、沈歸愚皆年至古稀矣。又王樓村式丹癸未會狀，年五十九。吴種芝貽詠癸丑會元五十八。』禮世子昭璉芸暉館詩集序：『先生江上名流，皖城令品。清音宛轉，韻如回雪流風；文陣連翩，句似鏤金錯彩。十年作賦，薄三唐以後之篇；五夜高吟，溯漢魏而還之什。高台挂劍，本家世於延陵；鄴下尋盟，乃追蹤于季重。萬言立就，倚天拔地之才；五斗解酲，紅友黄嬌之契。一庭吟詠，秀此惠連；千里遨遊，緬懷康樂。於是登車吊古，倚馬揮毫，載風月以隨人，覽江山而助我。歷燕齊之勝蹟，遍吴魯之名區。訪遺蹤于白下，剩水殘山；吊慷慨于屠門，龍蟠虎踞。白登蒼莽，朝朝凝絶塞之霜；青椽荒涼，夜夜結鄉思之夢。故其性情感激，逸與蕭疏。諒哉千古之騷人，久矣一時之傑士！』方植之延陵四世詩集序：『吏部鯨吞虬横，薄雲霄，沮金石，馳騁乎山川之壯，研摩乎景物之華。觀其風格，時與唐賢高達夫、岑嘉州、李翰林相近，有初、盛承平氣象，無寒儉困瘠之情。自中朝士大夫及四方才士，莫不慕重之。』璈按：先生喜吟詠，能洪飲。生平嘗處蹇境，無蹙蹙容。舉於鄉，年四十八矣。又十年乃成進士，癸丑試禮部日，春麓侍御與焉，及揭曉，先生躍然曰：『子不先父，我固知若遜一籌也。』侍御于己未成進士，其弟星槎刺史又于辛未成進士云。

古意

素衣涅淄塵，勿謂絲非白。新人間故人，勿謂縑無色。軒車昔未遇，否泰同一身。青雲據要路，賤妾常惸惸。涼秋八九月，白露零西園。履滿不自戒，嗟嗟徒苦辛。疾風隕朱實，落葉衛孤根。人生執高節，盛衰安定論？

閨　怨

春風自東來，綠我門前草。日暮上高樓，悵望漁陽道。漁陽人不歸，梁間燕子飛。

節短韻長。

曹子建墓

大雅竟誰是？高歌思古人。出門三百里，乃見陳王墳。君王昔貴盛，置酒遊西園。結交建安子，出入淩風雲。生時託華屋，卒乃狐貉鄰。蕭蕭墓門樹，歲久摧爲薪。斧斤伐不到，黄鳥鳴深春。客行何躑躅，鳥語何殷勤。好音不自賞，似欲求其群。

詠建安人，其風格亦近建安。

春雨吟

春風不解離人苦，千里濛濛作春雨。紫蝶黄蜂不敢飛，流鶯静聽鳴鳩語。鳩語紛紛陰復晴，朝來纖雨帶愁生。春雨滴春春欲盡，春風吹草草含情。草色青袍看不見，舊日王孫此芳甸。何人歌挹渭城塵，何人酒貰黄金釧。天涯昨夜春風起，瓊筵夜夜春如綺。不見紅顔駐古人，但看春色隨流水。流水聲中愁復愁，行人陌上去悠悠。村南折柳淚如綫，城北賣花聲滿樓。樓頭飛雨溼闌干，人面桃花帶淚看。玳瑁窗前聽不盡，水晶簾上拂猶寒。此日春寒擁敝裘，何如花影弄芳洲。君批宿霧窺金鏡，妾上青天化玉鉤。玉鉤金鏡起相思，暮雨朝雲两不知。榆關坐惜孤鴻度，綺陌遥憐一燕歸。雨雨風風燕子斜，青絲白馬向誰家？玉階自理雲和瑟，滿樹櫻桃昨夜花。

鉤帶其詞，纏綿其思，玉臺篇什之遺，應與盈川、龍門分席而坐。

塞上

大雪滿天地，出門雞亂啼。洗兵遼海北，躍馬漢關西。白髮雲中守，黄鬚鄴下兒。寶刀經百戰，夜夜吐虹霓。

立秋後一日登静海城樓作

一葉下寒舟，西風暮倚樓。斷虹收宿雨，殘暑入新秋。海色依微見，河聲日夜流。會川門外柳，應繫木蘭舟。

三、四從義山語脱化。

古城僧舍寄李花嶼進士

頽廊誰與伴孤吟，殿角風鈴自梵音。微雨階前春草合，亂帆門外夕陽深。書空久忘身如梗，面壁今知佛在心。見説天花香滿地，祇園何用覓遺金。

贈王郎

王郎拔劍風淒淒，酒闌別我長干西。荒鐘向夕破塵夢，草堂欲曙聞天雞。牛渚水寒怒蛟立，石頭城古饑烏啼。丈夫縱横各有日，看君碧海刲鯨鯢。

拗律渾成，逼肖山谷。

西楚霸王墓

楚雲千里下平蕪，草色青青墓欲無。幽徑日斜蒼鼠竄，荒原風急皁雕呼。殁身恩怨兩亭長，反掌存亡一餓夫。衣錦與誰同富貴，招魂翻累魯諸儒。

五、六奇警，與陈恭尹『汉朝終始在三巴』語同一精確。

秋暮書懷兼寄張尹耕位參江上

昨夜西風滿戍樓，榆關人老黑貂裘。三秋客夢通淮水，一片江聲下石頭。梁苑鄒生空作賦，漢庭李廣不封侯。釣鰲我欲浮滄海，夜半期君看斗牛。

將至休甯

平林漠漠正啼烏，行近城隅日已晡。白屋蒼山尋故里，野田秋草立征夫。寒衣未授霜初墜，好雨難逢酒獨沽。莫向西風問鴻雁，半翔雲漢半江湖。

三、四寫徽甯道中景，如畫。

贈姚苾香

登山臨水送將歸，秋到江南葉乍飛。花影似雲都入夢，酒痕如雨盡沾衣。雙鳧應化仙人爲，一櫂將辭釣客磯。此日長安居甚易，書來切莫問臣饑。

左蘅友赴安徽以岷江歸棹圖索題

一棹穿巫峽，中流不暫停。過江看九子，應較蜀山青。

白沙嶺集事

早梅纔發兩三樹，野竹深藏四五家。何處村南閒老子，看人騎馬向天涯。

杜鵑山

桐城北門外山，相傳有穆素徽墓。

垂柳垂楊掃地長，橫塘驚起兩鴛鴦。杜鵑山下花如雪，夜半無人吊穆娘。

西湖竹枝詞

南高峰對北高峰，南北高峰烟雨濃。不爲湖心有明月，两峰對面不相同。

此等竹枝風調，殆可攀提夢得。

江上送楊米人

惜陰亭畔大江流，又曳風帆過庾樓。草際寒蟲天際月，夢回都似秣陵秋。

銅陵即事

烏相微曛楓未黄，九華江上好秋光。紅薑紫芋家家圃，行過村南桂始香。

柳色依微一徑斜，野塘秋水思無涯。欲知拾翠人何在？試問籬前石竹花。

吴貽灃十九首

吴貽灃 字澤在，號華川，乾隆壬辰進士，官雲南府同知，有開南、冶餘等集。劉大紳序集曰：『同年友吴君始爲詩也，精熟選理，餘波綺麗。其後則爲比事屬辭，意切理盡，優遊和平，俯仰自得。方君之官由豫章而涖吾滇也，官與民勢不相能，而君以仁育之，以義正之。一張一弛，不競不絿。絃誦之士盈於室，謳歌之民遍於野。君乃對景抒懷，觸物起興，以風人之旨兼雅人之致，彬彬彧彧，質有其文，在詩家以爲極詣者，君直以餘事作之。君詩曰：「詩亦勿太苦，詩亦勿太工。詩苦令人瘦，詩工令人窮。」其爲君之志歟！』

抵辰州作

皇皇載朝命，遠適金馬山。一櫂過壺頭，徑入五溪蠻。聞昨討苗逆，血刃辰水殷。豈無舊鬼哭，獷猂不可芟。借問道旁人，猖獗胡爲然？或云始交易，黠賈逞其奸。朱提異好醜，取償不值錢。赴愬置不理，此禍遂蔓延。或云强脅弱，異種遊墮繁。又云饑無食，劫奪飽朝餐。傳説頗不一，無由究根原。汝得不惡死，汝得不畏天。包茅古作貢，伏波今尚存。太平普雨露，亦可畜兒孫。咄哉大小西，秦人比桃源。

鳥言

三年隔江東，萬里宦滇西。鸚鵡作人語，鷓鴣盡情啼。一言明日去，一言不如歸。

鸚鵡嘗言明日去，禰正平賦所云：『懷代越之幽思，故每言而稱斯』是也。

山石

黔中之山相因依，烟巒雨嶂紛迷離。地力生山猶未盡，平地生石與山齊。羅列山頂傍山腹，眩變百怪形難窺。蛟螭躍起孔鸞下，笋簴削去芝菌肥。金仙飄飖抗高掌，玉女嫵嫚舒長眉。雲蒸霧湛翠欲滴，巖開竇豁光長垂。此中刻雕有神物，匠石運斤何能爲。下馬欲拜行僕僕，米顛不作鍾情誰。安得轝致萬間廈，坐令照乘無光輝。

自九江至岳州經月不雨途中書所見

其雨其雨日杲杲，使我彌月憂心擣。溢浦開帆小暑前，岳陽繫纜初伏杪。彭蠡洩盡匡廬真，洞庭空與君山育。波流雲逝雨寂寞，坐見青青變枯槁。昨日半天山上頭，先叟後童紛跪禱。青衣白旆緑楊冠，擊鼓鳴金鬧晴昊。老龍猶自耽安居，任使符牌聲罪討。何當沛然百昌甦，我亦舟中眠食好？

望君山

昨宵欲就君山宿，午風吹席如轉軸。今日回頭望岳陽，曉帆忽落君山旁。君山積翠浮青蒼，峰頭十二羅修篁。咸池六律杳莫奏，九疑千里空相望。人間開室依平楚，誰似仙靈愛幽渚。鸛鶴朝翻水際雲，鯨鯤夜噴花間雨。我住江南浮渡山，何時散髮扁舟還。别離不解湘娥怨，看取空巖竹上斑。

青草湖

茫茫青草湖，秋盡雁相呼。水落如無岸，山低欲作圍。瑟聲貽帝子，帆影趁征夫。晚日蒲魚市，村醪就滿酤。

發清鎮 由大定入滇

古道馳何極，蒼茫動客情。人經鬼國地，晝出夜郎城。老樹添山色，寒禽雜雨聲。更聞西蜀險，昨夜檄蠻兵。

雨後

禽鳴官舍晚，竟夜雨如何。籬密添新筍，池平貼嫩荷。山田農事足，江國客愁多。揮手螺亭別，春風兩度過。

螺亭在贛縣。

景東公寓　四首之一

此地真蝸角，何年失馬蹄。輸官鹽似虎，在僰卜惟雞。樹入哀牢古，江流緬甸低。太平無一事，笳鼓日城西。

入滇界

碧雞山色眼中新，十八灘頭望遠人。地到極角翻似北，牛車任載類北省。天當長夏總如春。何年城郭遥分楚，舊日山川半屬秦。肯效王褒持漢節，不關民事但祈神。

官舍閒題

士風猶自説梁州，直到蘭滄江上流。愛見柑黄垂佛手，愁看鹽黑作人頭。聞雷終歲來蝱蚋，計日長街趁鼠牛。却笑大撓貽甲子，窩泥從不識春秋。

夷人不知年月。

入蜀

由畢節東北行，近蜀界。

白巖赤水經過少，蜀道青天第一程。灩澦灘高巴子國，芙蓉花麗錦官城。豺狼豈久勤王旅，鸞鳳終須向帝京。莫謂蠶叢行不易，十年蹤跡馬蹄輕。

臘月八日

停舟十日打魚灣，歲云暮矣人未還。大江正落瞿塘峽，新月稍上峩嵋山。明年到門亦歡會，此時生計如等閒。卧聽蠻子教鸚鵡，飯罷種蘭雲水間。

宜昌郡

正月欲盡春烟生，彝陵東捎船頭輕。青山两岸有時盡，碧水一江從此平。鶯飛樹暖發歌興，魚上冰銷知樂情。況我三年雜魑魅，眼饞尤見滄浪清。

魯港聞雁

歲月南征客，春舟漸欲歸。相逢江上雁，各趁故鄉飛。

天雨寺

一峰新黛與雲齊，峭石崚嶒礙馬蹄。何處春光天雨寺，刺桐花落杜鵑啼。

發廣通作　正月二日

春在江南江岸頭，杏村桃塢白蘋洲。東風一夜傳消息，已换滇西馬上裘。

雨

卧聽芭蕉如羯鼓，起看蓮浦似珠還。四圍盡是烟鋪白，好雨來從第幾山？

花市

蜀中蠶市蠶苦饑，黔中花市花經肥。蝴蝶不知何意緒，空傍連天芳草飛。

吴貽穀六首

吴貽穀　字子于，號琴圃，乾隆間諸生。

汴州懷古

莨菪渠深敖山高，殿前點檢稱人豪。黑蛇化龍不可滅，陳橋兵變加黄袍。紛紛五代亂天紀，一朝大運歸天水。北胡南越俱降王，墮驢大笑山人喜。白衣蒼狗總無常，腥臊血染牟駝岡。臨安南渡失肩背，涕泣青城空斷腸。後來論古傷懷抱，山外山青詩更好。西湖歌舞忘東京，故宫蕪没生春草。只今滎澤接陰溝，沿堤緑樹夕陽樓。請看四海爲家日，那問杭州與汴州。

風格健舉，區近嘉州。

夏日雜詠

層樓高百尺，登眺接蒼冥。波縐層層碧，山嵐面面青。濃陰鳴翡翠，霽日舞蜻蜓。十里垂楊岸，村農坐鹿町。

郊外

蔣家橫渡處，一徑出南關。人語夕陽外，鳥啼清磬間。菊花香野岸，楓葉染秋山。坐愛田園樂，雞豚竟日閒。

名山堂即景

心遊雲斷外，目極鳥飛前。遠水如平地，遥峰半在天。陰濃千樹靄，暝合萬家烟。吟罷移時立，庭柯月影穿。

三、四開天人名句。

過白沙嶺

春風拂面柳飛花，峻嶺盤空過白沙。緑樹幾村鳩喚雨，青山一路客辭家。板橋流水淙淙急，茅店疏籬曲曲遮。且喜晚晴雲葉散，遥天一抹見紅霞。

訪友人不遇

苔痕一碧映窗紗，吟繞長廊日影斜。銷盡爐香人不見，翠禽飛上石榴花。

吴貽沅四首

吴貽沅 字楚帆，號□□，乾隆己酉舉人，官鳳陽教諭。

送胡孟升復之梁溪

昔我毘陵游，春風漾白波。橋頭楊柳色，處處唱吴歌。
君遊江左地，客舍在梁溪。笙歌滿城夕，明月深林西。
惠山多美酒，葡萄琥珀光。傾囊三十萬，應與謫仙嘗。
昨昔君歸來，八月雁南渡。楓葉滿林飛，復向梁溪去。

吴宗誠六首

吴宗誠 字聽松，號□□，乾隆間諸生。

竇公祠次王似山韻

慷慨捐軀一命輕，氣沖霄漢保孤城。身猶麾下三千卒，功敵黄家十萬兵。血濺桐溪魂未遠，雲飛蜀道夢難成。竇公，四川人。丹心一片酬知己，河畔全忠兩至誠。

主將廖公應登亦爲賊逼，呼城不屈，爲賊殺於沙河。

將别西疇

才思方千孰與扳，清秋風景共躋攀。百年管領花兼酒，一杖高低水與山。但撫園林成嘯詠，不將名姓點朝班。迂疏似我偏相許，坐掩青青緑竹關。

遊春

雨餘芳草晴沙，夕陽歸路西斜。不飲匆匆別去，辜負桃花李花。曲榭朱欄掩映，春風人面桃花。綠柳陰濃遮却，天台有路誰家？

蟲語

吟風絡緯砧初動，咽月莎雞漏正長。一枕淒涼歸夢醒，起看庭月白如霜。

碧山茶　碧山在涇縣，下有桃花潭，即汪倫送別處。

聞説蒙山有露芽，先春草木未開花。碧山近有驚雷莢，雀舌香浮紫玉霞。

蕭然半偈萬緣空，梵語清和曉磬中。一片白雲迷塔影，滿山黄葉落天風。

吴　鏐二十三首

吴　鏐　字□□，號海屏，乾隆間諸生，有歸雅堂詩集。吴畫溪古文吴海屏詩序：『海屏由邑遷居桐東北之篤山，山一峰獨秀，海屏愛之，改曰獨秀山，與張野人、顧引占時時相往來，野人能歌漢、魏詩，引占能歌蘇、辛詞，海屏不能歌而善飲酒，酣則微吟國風伐檀、衡門、蒹葭諸篇，使人有天外之想。海屏之詩多散於故人之家，世無知者。知者其在異時乎？』王蓉山獨秀山人傳：『山人少爲詩，好孟襄陽，與同里張野人齊名，時號張吴，後隱於城北篤山，號獨秀山人。嘗著短布衫、青鞋、破韈遊，眺山間或荷鋤攜樽，隨所至，顧影長歌。妻貴族女也，亦能同趣。所著有歸雅堂集。』又重訂歸雅堂集序：『海屏先生詩沖夷澹逸，望之如避世高人，一爲朗誦，翩翩然若榮華飄風，而垂楊嬝娜于清溪之上，好鳥爲之嚶嚶而關關也。』

龍眠山懷古

束髮愛林泉，登臨不辭遠。兹山況近郊，探討隨深淺。晴明采芝去，碧澗窮千轉。嶺樹日將夕，岩芳春已晚。當時青冥客，投簪此遊衍。毫素託深情，白雲同偃蹇。紛吾慕高尚，欲發仍攀踐。隱處惟烟霞，居人自雞犬。高風悵已遥，勝事空繾綣。涼月映松蘿，遲回未能返。

懷家兄南田

幽巖閟太古，豁達開虚堂。翛然此棲息，興與青溪長。君來歲將暮，雪霽寒梅香。殷勤敘離隔，遥夜燈燭光。清晨出東郭，縱步淩高岡。山川極吴楚，千里遥相望。浮雲散寒吹，茂樹凋素霜。相思逐南雁，天際空翺翔。

擬古

落葉辭故樹，高下隨風吹。君子滯行役，迢迢無返期。自君之出矣，玉簟生網絲。思君如楊柳，憔悴霜露時。

此體自唐以後只擬末四語，此仍仿原詞。

對月有懷

空林久佇立，返照無餘光。回溪蕩虛碧，烟月遥蒼蒼。雲松擢孤秀，岩桂含幽芳。秋天淡無際，結念縈遐方。佳期悵難即，彼美何能忘。沉吟聊躑躅，鳴雁回高翔。

似河嶽英靈集内常建、綦毋潛之作。

春溪曲

鶡旦呼春寒，朝日正杲杲。荷擔出烟村，平林翠如掃。一溪縈春流，夾岸秀芳草。幽期勞溯洄，輾轉傷懷抱。願子回輕舟，陟彼蒼山道。同心復同居，逍遥以終老。

采蓮曲

越溪之水清且泚，越溪芙蓉淨如洗。嬋娟三五自誰家，共倚蘭橈弄秋水。秋水盈盈菡萏香，青荷葉底雙鴛鴦。蓮子有心君但采，藕絲斷處愁人腸。陌頭年少何都雅，遥見蘭舟繫驄馬。欲言不言空復情，溪邊落日遲遲下。瀲灩微風起夕波，回舟争唱采蓮歌。鴛鴦驚起東西去，秋水無情奈爾何。

擣衣篇

玉門關外秋鴻歸，洛陽城中秋葉飛。天涯此夕共皎月，一夜哀商聞擣衣。擣衣寄向長城道，獵獵秋風吹白草。少婦空憐關塞寒，征人已共沙塵老。遥遥露華凝素空，砧聲散入寒雲中。深閨今夜腸應斷，絶漠開緘淚幾重。蛾眉宛轉悲何極，别語淒清時復憶。夢魂無路入龍堆，矯首雲天空歎息。耿耿秋河夜已深，相思相望幾沾襟。可憐夜夜西樓月，偏照離人萬里心。

王、駱之遺。

桃葉渡

芳堤新漲苔痕没，惆悵玉顏曾此發。蘭橈無復漾中流，渡口青山見離别。河水盈盈一葦杭，花枝依舊發春陽。行人莫唱相思曲，桃葉桃根總斷腸。

感舊行贈族叔種芝

春城二月花如綺，樓閣遥凝暮烟紫。豪華競作踏青遊，鬱鬱香塵飛不起。名園别墅恣經過，陌上遊人空復多。玉樓夜夜調絲管，金谷朝朝鬭綺羅。龍眠山色青如玉，雲林掩映澄潭緑。祓禊流風溯永和，相邀出向城西曲。求侣翩翩黄鳥輕，平沙細路踏歌行。繡茵欲展憐芳草，紅翠低飛拂玉屏。當時座客多清發，共惜春光日將歇。朝倚瓊筵歌落花，夕倒金尊送明月。歡娱易盡别離難，楊柳春風馬上攀。君隨鴻雁遊金闕，我逐浮雲棲碧山。碧山奇側無行道，石上蒙茸長芝草。寒夢空懷尺素書，清時豈逐漁竿老。踏閣攀林不見君，知君意氣長氤氳。何當風雨瀟瀟夜，剪燭寒窗共論文。

具體沈、宋。

山居雜詠　五首之一

結構淩幽谷，餘春入萬松。雨鳴當户竹，風送隔溪鐘。跨鹿尋芝草，援藤眺碧峰。九華青不礙，天外削芙蓉。

古靈泉蘭若經西山叢塚間

西山松柏路，芳草正萋萋。人去花空發，春歸鳥自啼。海濱誰得棗，天上罷驅雞。惟有年芳在，清樽尚可攜。

古樹碧叢叢，尋泉識梵宮。妙香生竹徑，清磬度山風。象逼諸天静，心隨落照空。欲知來去意，不盡水雲中。

二章清裁逸韻，翛然神遠。

春日過田家

前溪水新足，布穀飛參差。荷鍤行烟際，東皋耕種時。樵歌出林晚，返照下山遲。借問漢陰叟，灌園方在兹。

格致翛然，近似王、儲。

雙溪有感

太傅園林在，蒼松覆古堤。經時無客過，向夕有鵶棲。虛閣泉聲入，平田麥秀齊。風流思往事，惆悵對回溪。

過胡淡泉城西草堂

愛爾城西宅，雲山捲幔多。平蕪侵座綠，高鳥拂檐過。得句自題竹，工書應換鵝。東風好明月，相送出林柯。

青　溪

烟深蕩舟人，明月青溪路。何處小姑祠，微雲隔江樹。

送胡淡泉之金匱　四首之一

君遊毘陵去，回首龍眠山。蒼翠有時盡，孤雲長自閒。

山居雜詠　六言　四首之一

牧笛暮隨溪響，厨烟曉雜松雲。村酒有時獨酌，世事經年不聞。

戲題酒舍

野店青旗三兩家，門前流水碧桃花。山公醉聽銅鞮唱，款段歸來已日斜。

春晚病中感興

新晴楊柳亂飛鴉，有客臨風感歲華。春色陌頭應已盡，池邊開到紫微花。

閨情 四首之一

遲日空梁燕子歸，東風吹柳欲依依。無情最是枝頭絮，春盡纔開開又飛。

游桃花洞

漠漠春風吹緑苔，溪雲深處洞門開。尋仙便入花林去，不逐漁樵放艇回。

文杏館　獨秀山莊六詠之一

別構軒楹碧澗涯，春陰漠漠護雲霞。山田菽麥年來稔，種杏千株只看花。

吴逢聖三十七首

吴逢聖　字眉陝，號鐵儂，乾隆庚辰舉人，官臺灣知府，有鐵儂詩鈔。

古歌

巧勞不如拙閒，身逸不如心安。志士誠足慕，達人良獨難。逃虚薄二氏，履信欽孔顔。素位不願外，富貴浮雲閒。不見漢陰叟，抱甕有餘歡。

擬古怨情詩

谷風吹女蘿，相依惟蔓草。託根既不堅，締結焉可保？憶昔新婚時，恩愛苦不早。比翼傲鳴禽，朗月鑑懷抱。一朝波浪生，河上在中道。君心本無他，妾貌在醜老。但願新人佳，何必故人好。

詠懷 五首之二

汲水貯攲器，水滿常自覆。童年學古人，白頭復何足。良賈擁厚貲，對人若虛櫝。有玉韞石中，不雕常抱璞。正平漁陽撾，叔夜廣陵曲。負奇不自藏，終爲忌者戮。所以謙象中，吉爻常有六。三復碩人篇，尚絅勿輕暴。

挾琬就爐，爲古今才人針砭，不獨慨禰、嵇也。

孫登寂不語，啟期嘯復歌。所性固不同，皆以暢天和。乾坤父母心，長養無殊柯。即境自爲樂，所得良足多。仰視雙跳丸，刹那等逝波。少壯不自克，憂戚當如何。

乾坤四語，消息甚大。

趙松雪天下名山圖五十幅爲劉漁浦太守題

人心有靈不踁走，一日遊遍天下山。衆山非大我非小，千峰萬峰靈台間。憶昔松雪繪此圖，一室豈復週九寰。運意如運五丁鑿，神工鬼斧來毫端。巨靈有掌覺渺小，造父叱駁空拘攣。何如潑墨近咫尺，一手劈出千巖巒。五山豆登列瑤席，齊州九點橫蒼烟。匡廬瀑布峩眉雪，對之心骨生嚴寒。雄奇忽變爲嫵媚，浙西江左相毗連。金焦两點映九子，西湖一抹堆烟鬟。衆峰羅列幻萬狀，眼花五色空盤旋。後題大德二年寫，筆勢酣舞如飛仙。我非愚公不能徙，又不能效秦王鞭。畫者以心我以目，目謀心遇均悠然。安得將身化千億，朝攜康樂屐，暮拍洪崖肩，分身處處淩其巔。

馬湘靈先生爲方宜田宮保徵選皖桐詩鈔賦贈長句

古人論詩如論史，不求美好惟其是。今人論詩徒誇多，蓬蒿常掩芝蘭柯。今人古人不相見，分茅設蕝將如何。先生巨眼明如鏡，手中倒握詩人柄。百家好醜詎能藏？我用我法古爲證。往者吾鄉中，龠山稱巨公。詩選四十家，埋没追無從。後來繼者河陽老，名山大澤恣搜討。網羅面面洞開張，金沙玉石皆云寶。一曲黄華唱者誰，墓門不少王戎稿。風流歇絶五十年，桂林開府憫其傳。騷壇急推大手筆，先生奮袂踞高筵。研朱蘸墨永朝夕，青瑤玉斧窮雕鐫。有時觀詩得詩妙，繞屋行吟輒大叫。有時閣筆憂以思，掩袂露肘難爲辭。欲録不録意良苦，作者識者俱千古。譬彼良工師，庀材矗崇基。楩楠杞梓樹桴棟，竹頭木屑相紛披。又如江海流，巨細成兼收。蕩雲沃日咈翠瀰，濫觴亦及渠與溝。吁嗟乎！河岳英靈徑寸書，行間顆顆懸明珠。唐人述作可充棟，剝膚存液徒欷歔。吾鄉龍眠秀天下，千巖萬壑流雲瀉。何必公麟爲寫生，山靈面目真風雅。

送張橿亭少詹事之晉陽書院

河汾自昔稱人師，陶成將相歸爐錘。流風歇絶千百載，使我望古空嗟咨。太行巖巖足鍾毓，汾流活活摛清詞。地不愛寶供雕琢，鵝湖鹿洞同清規。曩公珥筆侍中秘，班班玉筍羅階墀。今辭北闕適西晉，皋比座擁春風吹。磨礲利器供國用，此意甯論公與私？三鱣飛集兆異日，關西峻望于公宜。我昔謬膺中山席，苜蓿徒飫慚晏如。公也稽古詔來學，靦顔何以相攀追。惟當袖手望閶闔，冥冥鴻鵠翔雲逵。

采菱篇

采菱莫采背日枝，日光不到枝參差。采荇莫采向日花，花開向日披朝霞。含葩水面鬬姿媚，結蕊雖同性偏異。迎暖迎寒只自知，天日何曾有私意。君不見鄭莊置驛長安中，熱中結客争豪雄。又不見嚴陵披裘釣烟水，雲台功名同敝屣。抱冰握火不相謀，士各有志常如此。

襟懷淡蕩，興寄離奇，庶幾青蓮遺響。

秋江載酒圖

我欲長江變甘醴，日日提壺醉江水。眼花不識江水深，便認流雲作江底。又欲洪波化巨樽，岷峩濫觴初發源。手挽北斗供挹注，興酣不屑雲夢呑。江上何人發櫂歌，獨攜玉液浮滄波。丹楓黄葉勸滿酌，水光人面皆顔酡。秋風蕭蕭波瑟瑟，競説悲秋隘胸臆。結交得識醉鄉侯，滿眼秋光盡春色。酒懷亦借江山助，獨酌無多亦歸去。何如邀我作狂賓，共入蘆花最深處。

七夕酷暑次日立秋大雨

洞光無力消炎威，擺磨出火飈輪飛，生綃身著金甲衣。天上長虹片雲鎖，雙星眼枯無淚墮，席地深宵般礴羸。報秋一葉飄井桐，霹靂破山傾崩洪，快哉肘腋生清風。

奇崛不可端倪，每三句一韻，格亦奇。

别張唐州

故國君猶客，天涯我一身。莫將遊子意，來慰遠行人。夢繞東山月，情牽南雁春。相看各有淚，不爲别傷神。

十五夜對月

不解中秋月，他鄉亦肯圓。光浮天際出，影入客心懸。愁重酒無力，更長夜似年。舉頭明鏡裏，何處是龍眠？

晚行潁上道中

客晚倦征路，望村如到家。遠山驕暮紫，高柳貢清華。日落馬行疾，天低雁度斜。回看舊來處，惟有暮雲遮。

湘靈先生邀同王一兆冒雨過莪溪看山賦呈　二首之一

帶雨看山色，向人如更青。晚風吹不散，飛鳥去還停。萬里心常結，三年目始經。傾樽卧芳渚，酒爛不知醒。

起語嫖以忽。

寄一泉上人 三首之一

昔聞師説法，高卧華山初。雲影空行迹，江聲入草書。今來京國外，又值暮秋餘。木葉敲寒榻，能無憶舊廬。

歲暮冒雪登陶然亭

大雪滿天地，我來登此亭。人烟寒黯淡，山色斷空青。歲盡閒惟客，風高醉易醒。紛紛塵市裏，車馬不曾停。

九日

今節厭登眺，閉門耽卧遊。溪山邀遠夢，風雨餞殘秋。人瘦黄花健，天空白雁愁。故鄉高會好，紅樹萬峰頭。

秋暮懷人

晚涼池館坐悠悠，永夕危吟獨倚樓。落日樽前楊柳曲，懷人江上木蘭舟。雁飛關塞長天遠，霜滿蒹葭野水秋。何處相思不相見，數聲漁笛起汀洲。

抵　家　五首之一

依舊蓬蒿仲蔚廬，到門松菊未全除。幾年愧讀閒居賦，三上空傳宰相書。孤館夢醒霜落早，丹楓江冷雁飛初。天涯一路看秋色，秋在鄉山畫不如。

客堂舅氏致仕歸里

出本無心歸未遲，歸裝還似出門時。意中流水春非遠，杖底蒼巖秋有期。萬里鄉情羈夢減，十年宦蹟塞鴻知。何當再睹臨江墅，長伴東山一局棋。

贈顏同文

人言水冷不如冰，我愧非藍君自青。一躍已看登彼岸，孤根依舊戀寒汀。徒知鳳沼雖占命，却信鴻文亦有靈。憶得玉壺佳話在，分明隔座隱雲屏。

步方宜田宫保圓津寺詩韻

樹好逢春花較遲，花間浥露已多時。久聞羽化雲中鶴，尚喜紗籠壁上詩。駿骨不教塵網縛，慧心遥賴佛光慈。勞生有轍何時轉，愁對空階日影移。

東魯登魯連臺

魯連臺上涼風生，魯連台下秋蟬鳴。鳧蒙疊翠接平楚，齊魯餘青到古城。駿骨不因千乘屈，海波只爲一人清。憑高攬勝發長嘯，落日歸鴉無限情。

閏上巳涂長卿韓次山王曉徵邀遊平山堂雨阻不果

又是陰濃釀密絲，三春花事雨中遲。重逢巳日流觴候，絶憶丁年試馬時。閉户好臨修禊帖，衝泥休唱踏青詞。冶遊爲問尋春者，欲采芳蘭贈阿誰？

虎丘懷古

虎丘山上千人石，乘興來遊正早春。一劍有靈成霸業，三生何地證前因。簫吹古市憐豪士，鹿走荒臺怨美人。漫欲扁舟尋范蠡，迷離烟樹五湖濱。

嘉興舟中

帶水平浮一葉舟，布帆安穩挂中流。尚餘殘夢松陵驛，已過長堤烟雨樓。柔櫓不聞人欸乃，春風頻送鳥鉤輈。短墳何處埋蘇小，芳草青青古渡頭。

雪夜

茫茫人海問津難，獨擁殘編結古歡。晚酒破愁嫌夜永，春風吹雪補冬寒。庭前柏樹聞鐘覺，江上梅花入夢看。一樣閉門高卧者，不知何室有袁安？

附摘句：蒙城懷古：『安危爭屐齒，功業在棋枰。』宣城晚望：『落花春去少，明月夜深聞。』出居庸關：『冰凝疑得路，沙擁欲成山。』東安早發：『樹色淡無際，炊烟令不高。』夏夜：『水風吹袂溼，暑月照人温。』無題：『火能拭玉三朝足，棘可棲鸞六月遲。 終應隔水逢仙子，未必無郎似小姑。』江上留别：『故人情重江潭淺，别夢愁添潮水生。』真州書感：『鷗認新盟還似舊，燕疑秋社不如春。』夏日漫興：『松陰牛飯千山外，江上鱸羹一夢中。』送别：『到家臘甕開新釀，排闥青山認故人。』僧壁：『意中流水天涯遠，林外青山馬上看。』初夏：『病因好友攄懷抱，老愛微軀勝利名。』

從軍行

劍舞流星影，弓開明月光。平生重意氣，持此報君王。

江上晚行

江空帆影微，柔櫓劃江水。飛鳥各投林，行櫂猶未已。

壽春雜詠 二首之一

拾取金牌現紫霞，何年鴻寶幻丹砂。淮王一去無雞犬，零落小山叢桂花。

晚至魏博 二首之一

白玉投波碧浪澄，城南春色晚烟凝。荷戈伏弩人何處，大樹飄零是馬陵。

容城楊忠愍公祠 四首之一

嬀川曾謁錦衣祠，塞草邊沙没斷碑。應有精靈來共語，那能自簡獻青詞。

靈澤夫人祠

獨占江東土一抔，澗蘋溪芷薦春秋。分明大義歸巾幗，何必生兒羡仲謀。

孫夫人視仲謀，固亦豚犬也。

題湘雲圖

誰遣眉峰蹙曉妝，楚雲終古怨瀟湘。枇杷門巷香魂杳，腸斷天涯李十郎。

蘭谿縣

縠紋波繞石崖西，芳草如茵緑漸齊。一雨乍停風不起，菜花香裏過蘭谿。

寫景殊確。

蒲坂懷古　六首之一

玉溪宗派杜陵閒，千古韓碑句不刊。莫向荒村尋故宅，空留文藻映江山。

永樂鎮。

稷山道中值雨

雨絲密密水潺潺，聲在雙輪轣轆間。隴畔樹光河畔草，馬蹄延緑上前山。

吴逢震一首

吴逢震 字□□，號筤軒，乾隆間諸生。

曉行過長城嶺

曉星幾點露微明，遠聽荒雞三兩聲。初日未升寒氣重，馬駝殘夢過長城。

吴逢堯一首

吴逢堯 字□□，號墨園，乾隆間諸生。

和錢儂兄秋日登南城樓

烟波四面擁層樓，海氣都從宿雨收。愁到張衡偏望遠，才憐宋玉共悲秋。雲移獨樹邀寒雁，風送孤帆下野鷗。極目更牽鄉夢杳，蕭蕭落葉滿汀洲。

吴 詢十九首

吴 詢　字重約，諸生，有畫溪詩集。通志：『詢究心宋儒諸書，著有四書講義、周易語録、逸語、詩文集。』

雙 溪

雙溪舊草堂，宛轉雙溪路。溪水日淪漣，溪風下白露。颯颯萬松陰，山亭拂烟霧。偶坐愛潺湲，但與麏麚遇。時見遠村人，遥向石橋渡。奇石出幽潭，下有寒冰沍。初日上園林，雪霽梅花樹。不見蕩舟翁，溪聲自朝暮。

望羅浮山有懷海屏

伊人已云逝，山水憶知音。夙志期遠遊，依依見我心。我心飛上羅浮島，緑蘿花開覆烟草。鮑靚由來親隱淪，葛洪於此開懷抱。遥見飛雲跨鶴來，手持白玉荷花杯。爾家仙客五百載，驅雞已上松風臺。松風臺上飛流霞，松風臺下沽酒家。可知月落參横夜，惟有寒梅一樹花。

題　扇

誰將一尺縑，製作白團扇。摇之生清風，用以拂吾面。獨坐空庭月上時，愛此盈盈冰雪姿。無人畫作秦王女，自詠班姬紈素詞。

初春同張尹耕郭外尋梅

春還仍閉户，愁至欲銜杯。信步方求侣，逢君正訪梅。人行沙岸軟，花傍竹籬開。借問尋芳者，溪邊幾個來。

秋夜懷海屏

之子美無度，常懷淡蕩風。華星照楊柳，清露下梧桐。醉後歌偏婉，詩成酒不空。相思未相見，高卧草堂東。

三、四與襄陽『微雲疏雨』句庶幾異曲同工。

山中秋夕

柴門秋色暝，獨坐空林間。白鶴自飛去，暮雲時往還。彈琴愛流水，學道喜空山。更采東籬菊，歸來且閉關。

清　明

獨跨江頭馬，來過酒肆門。曉風桃葉渡，春雨杏花村。芳草迷人眼，黄鸝斷客魂。誰家吹玉笛，折柳送王孫。

此當是客金陵作。

山家

先生五柳外，桃李漸成蹊。更看柴門裏，蒼然古木齊。淮王小山桂，張公大谷梨。他年諧夙志，與我一枝棲。

獨坐

向夕雨初霽，獨坐長松間。夜静花開落，風清鶴往還。舉頭山月小，散步廣庭閒。影落虚窗裏，無人且閉關。

春日郊外索友人飲

燕燕于飛春樹林，閒騎款段踏江潯。也知物外羞屯相，且到樽前聽好音。何處青帘堪市酒，不妨疏雨欲沾襟。郎君美秀今詞伯，自有囊中賣賦金。

南行途中

恰恰黄鸝鳴遠村，淒淒客子黯銷魂。梨花細雨小寒食，楊柳春風孤店門。不盡長江浮旅夢，無情芳草送王孫。明當匹馬摇鞭去，回首天涯是故園。

送客之蜀

華陽黑水古梁州，君去舟通江漢流。客路猿啼夔子國，花時人上仲宣樓。孤帆影落三巴遠，匹馬風生五丈秋。莫向君平問消息，渴來應典鷫鸘裘。

遊福清瑞巖寺見石壁上有萬曆乙卯葉文忠公題句因賦

上相乘鸞望紫霄，相將使節駐征軺。洞中伏虎參諸佛，天外神龍送晚潮。四皓風流歸社稷，二疏勳業入漁樵。當時倘更巖前老，只傍南山學射雕。

山　徑

隔溪見山徑，曲曲依寒水。時有暮歸人，蕭蕭殘雪裏。

花樹夕

西軒花樹夕，望望雲中書。欲問如鉤月，何時釣鯉魚？

秋日江上送客之淮

我起爲君舞，高堂風雨秋。紛紛江上葉，一夜入淮流。

秋　感

昨夜江城一雁飛，客中愁緒與心違。誰家更唱吴孃曲，暮雨蕭蕭人不歸。

再渡彭蠡

彭蠡湖邊花柳新，西山朝雨浥輕塵。春潮不送潯陽客，惟有匡君是故人。

妝閣

妝閣無人錦幔垂，開簾深坐曉風吹。窗前自種相思樹，花滿春林叫畫眉。

吴潮十首

吴潮 字青來，號海晏，乾隆間恩貢生，蒙城教諭，有海晏詩鈔。

擬陶淵明田居作

春田雨初霽，水暖禾苗肥。泉脈既已疏，隴上荷鋤歸。柴門掩榆柘，羊牛下來遲。稚子候蘿徑，山妻掩荆扉。蠶月既條桑，蠶稠桑葉稀。日暮野烟薄，倦鳥投高枝。三徑撫鳴琴，高彈明月輝。

漢武帝

駕言出雲陽，長城何嵬哉。勒兵十八萬，北登單于臺。旌旗蔽千里，掩首空徘徊。相如既已歿，方朔諫書來。借問還甘泉，誰與望蓬萊。

平涼閆桂峰太守席間觀美人舞劍

美人夜半歌聲起，紅袖當筵香霧裏。四座看騰寶劍光，芙蓉花落秋江水。太守銜杯樂事賒，水晶簾轉燭流霞。醉客不知天既曉，笑傳東閣月西斜。

洞庭舟中阻雪

片帆初落處，楓岸雪紛紛。野竹迷寒浦，梅花凍白雲。有時憐過客，何處吊湘君。薄暮臨湖望，悲風送雁群。

游玉屏紫氣山寺

古寺白雲裏，禪房映碧紗。空階堆竹葉，寒澗落梅花。月照鐘聲動，烟横塔影斜。遠公初定後，細雨自烹茶。

春　遊

少年騎白馬，金勒馬蹄驕。曉露穠桃葉，春風豔柳條。市嘗千日酒，人醉百花橋。隱約高樓上，垂簾弄玉簫。

登五泉山

散步出城郭，登峰衆壑環。禪林多蔭木，僧閣半銜山。白塔蒼烟外，黄河落照間。五泉名勝地，臨眺一開顔。

三、四確切不易。

過洞庭君廟懷古

巴陵春水漲高臺，湖畔荒祠向北開。千點暮鴉烟外集，數聲寒雁雨中來。空階露氣生芳芷，古壁波痕長緑苔。欲吊靈均更惆悵，莫教賈誼獨憐才。

登蘭州城樓

萬里金城在此登，蘭山環繞最高層。雲横積石三秋雨，風捲黄河十月冰。鄉夢早傳青海雁，壯心長視碧霄鵬。樓頭忽唱伊涼曲，把酒狂歌逸興騰。

平涼送瞿心竹歸豫章

滕王高閣昔曾遊，羨汝歸程好泛舟。料得秋來南浦月，照人吟詠百花洲。

吴賡枚三十一首

吴賡枚 字敦虞，號春麓，嘉慶己未進士，累官監察御史，有惜陰書屋詩鈔。朱芥生惜陰書屋詩鈔序：『先生以庶常改官祠部，與覺生太史同年相得，覺生重其爲人，嘗語余曰：「桐城人士，吾所知甚多，自悔生先生而外，惟春麓祠部最爲端人。蓋千金可託而一介不苟者也。」先生之詩，古體追蹤晉魏，長篇步武杜陵，近體兼有唐宋。此其大凡也。』張亨甫曰：『先生之詩，和平莊雅，無噍殺之音，無亢厲之氣，而憂時之誠、愛人之篤、持己之嚴、與物之恕，皆流露於行墨間，先生蓋有道者，不當僅目之爲詩人也。』姚石甫曰：『吾桐自明以來，士大夫號守禮，逮夫通學鴻才英彦間出，莫不尚氣節、敦廉恥，故海内之望翕然。今俗漸浮囂，後進迷所趨向，以文章禮法守其世者，獨先生家耳。先生家門庭肅然，子弟恂恂有禮法，俯仰遺編能無慨耶！』璈按： 先生之詩，敘述詳備，詞旨温雅，追撫古人已窺奥際，至於事關家國，誼切身心，直舉胸情，不傍書史，肫摯之忱溢於楮墨，景溯前徽，典型斯在焉。

擬謝宣遠九日從宋公戲馬臺送孔令詩

清商動秋律，高臺來悲風。嚴霜集林樾，蕭颯凋華叢。蒼然望平楚，肅肅來賓鴻。川原邈清曠，霸圖倏已終。聖心感嘉節，鳳蓋臨朱宮。開筵集僚佐，劍佩鳴丁冬。仙璈激清響，縹緲凌高穹。盛餞光行李，蹤跡如飄蓬。悠悠卷旌旆，離思忽無窮。急流有返棹，奔轍思回驄。亮哉疏傅節，知止疇能同。

擬謝如出謝手，神悟何減江文通？

方芸生表兄飯余因擬以園棗贈之

我家庭前棗，纂纂枝葉繁。四鄰仰碧蔭，濃緑迎朝暄。涼秋落嘉實，薦羞偕蘋蘩。童年恣掇取，持獻慈顔温。忽忽三十載，趼足歸靈旛。白雲藴三徑，空有赤心存。時物倏已度，躑躅潛聲吞。言念桂林宗，出門尋諸昆。諸昆半零落，與君共酒尊。投以林中果，報我盤中飧。甘苦須共嘗，且復培其根。結鄰事農圃，邠俗古所敦。

冬日齋居卧疾自訟　二十首之二

我有荆山玉，妙製雲和瑟。伶倫爲安絃，師曠爲協律。泠泠金石音，雅奏薦芬苾。持向市門東，箏琶聲沸溢。客笑問奚爲，冰炭異膠漆。嗜好不能齊，囊之歸爾室。

冰堅肇履霜，雨雪先集霰。天道遠莫知，端倪若可見。五聲令耳聾，五色令目眩。鈎餌陽鱎迎，棧豆駑馬戀。硜硜介石貞，虛靈燭萬變。戛然山梁雉，一瞥去如電。

秋江放棹圖爲姚五峰題

放棹向空江，微雲綴華月。蘆荻風蕭蕭，流螢乍明滅。白露何淒清，烟波坐超忽。浦深雁語遥，夜静漁歌歇。須臾驪吐珠，咫尺近天闕。泛泛淩星河，倘遇乘槎客。

田家苦　四首之一

生爲種山人，結茅幽巖裏。豈有高尚心，託命在耒耜。冀得升斗儲，免死而已矣。昨歲典冬衣，拓地得尺咫。布種春和時，秋收望嶷嶷。强暴六七人，自稱巨室子。我祖爲達官，烜赫動鄉里。殁葬前山麓，來龍四十里。爾山即我山，不必分界址。我曰生爾生，我曰死爾死。與我多緡錢，恕爾免鞭箠。聞言獨躊躇，曷以禦奸宄？明日白梧來，擊轂墮溪水。强者開心顔，弱者剝膚髓。我欲避此曹，何地可遷徙？忍辱非所難，枵腹情難已。

謝鄰泉評：『此東坡所云「鄙俚近古」者也。』

田家雜興　六首之一

瓜田豆棚裏，絡緯蕭蕭鳴。物候有相感，鳴令懶婦驚。嗟嗟爾婦子，酒食議持生。勉旃饁南畝，歸來理瓶罌。禦冬蓄甘旨，賴此秋穡成。邠風首授衣，蠶織攄精誠。篝燈弄刀尺，軋軋伴機聲。織布無織縑，服美傷令名。嚴冬擁裋褐，華飾屏瓊英。居貧有恒業，保富無妄營。兢兢立門户，翼翼守宗祊。勤勤助内職，寶儉斯持盈。

愛駿圖爲姚香南司馬題

楚天漠漠黄雲遮，跳梁井底喧群蛙。將軍坐擁十萬衆，龍驤虎奮爲爪牙。寶馬連錢出天廄，驍騰勢欲窮幽遐。摩壘交綏誤一蹶，堅壁不出憑揄揶。細柳春風奏仙樂，置酒高會排名花。飛章報捷日幾至，輦金餌敵朝朝加。黔苗焚掠恣邀劫，説降一塞金幾車。齎糧借兵寇盜喜，壯士撫劍空咨嗟。此時龍媒氣凋喪，放遠蹤跡隨麏麚。將星夜輝大如斗，智勇奮發攙蟲沙。日省供億累巨萬，椎牛饗士群歡譁。香南司馬真健者，赤手欲捕常山蛇。同心繫惟成（寧）與傅（鼐），汗驊走血驅駰騢。團練敢死陷堅壘，三鼓不竭揮千耶。步步進營逼苗寨，狙擊不令毫釐差。鏃雨飛騰炬火烈，萬騎逐北如驚鴉。人耶馬耶悉無敵，禽渠掃穴功可嘉。於今歸牧謝羈勒，丹青寫照非矜誇。伯樂孫陽忽變相，揮手遯跡空王家。支公愛駿不愛禄，功成便欲棲烟霞。君高具眼莫遽隱，良材須别騏騮騧。

句格健舉，雄邁無前，似六一居士集中作。

淅米歌

千夫萬夫陌上趨，農人種穀如種珠。一斛两斛釜中熟，農人炊米如炊玉。上帝降康苦不常，塵生甑釜心茫茫。客心倉皇饑欲死，汎舟遠挹西江水。桃源古洞倚青天，入峽穿雲二千里。水聲潺湲，舟行險灘。怪石林立，負米登山。山中粒食苦不足，誰敢碾珠屑玉忘艱難。君不見城隅蕩子衣斕斑，四十萬斛溝渠間。

『水聲』四語饒有古趣。

都居　十首之一

佳日頻欣賞，風光貯一庭。對人宜月白，排闥有山青。指澀抛琴譜，心閒訂鶴經。聯牀偕叔季，風雨每同聽。

篠園謁三賢祠

一夜江城雨，乘流到緑天。寒凝千畝玉，翠落五塘烟。縹緲鳳鸞侣，清冷冰雪緣。此君竟何事，寂寞對三賢。

新安道中戲拈馬上續殘夢句得四律 録一

馬上續殘夢，夢歸人未歸。衣方霑曉露，心尚戀春暉。辛苦營堂構，艱難念蕨薇。卅年追往事，腸斷孟家機。

驛柳和張船山 四首之一

誰潑雲藍染客衣，緑成屏障翠成圍。曉風殘月千絲裊，短笠斜陽一騎歸。似解送迎枝旋舞，不勝摇落絮輕飛。風流自昔憐張緒，宛轉天涯竟孰依？

送程杏軒赴保陽

漠漠輕寒上柳枝，驪歌聲起送春時。憂來不共潮痕減，客去翻憐燕影遲。三載湖山尋舊約，一樽風雨慰離思。金臺舊侶如相問，千疊愁心兩鬢絲。

三日芸臺師招飲拈花寺閏月復偕浣霞湘帆往遊

放參初試袷衣新，減却春光又展春。不有壺觴臨勝地，那知風月屬閒身？火城□去迷荒徑，花國重來記後因。真似江南好烟景，忘機鷗鷺宛相親。

烟痕千縷隱樓臺，珍重根荄著意栽。堤畔花開又花落，柳邊雲去復雲來。朱野雲與廉右丞同號。禪心浩渺觀流水，詩意蒼茫感碧苔。千古閒愁銷不盡，招尋且與共銜杯。

秋月病起遣興 八首之二

數聲嘹唳度歸鴻，攲枕初驚落木風。抵觸牀頭謝牛蟻，紛争閤外任雞蟲。地偏陶令無喧馬，性癖中郎有爨桐。暝色蒼茫鴉背落，入林誰與辨雌雄？

蔡小霞評：『齊物之旨，息心之論，一結感悟良深。』

藤陰雨過緑盈軒，愛聽迷藏稚子諠。寶月修成環不缺，青天補就碧無痕。登樓興逐丹霞遠，攬鏡愁如白髮繁。欲采幽蘭供佩服，同心今見幾人存？

蔡云：『三、四乃第一情筆。』

奉和翁覃溪先生重宴瓊林 公於乾隆壬申成進士，至嘉慶甲戌重宴瓊林

廿年小别藥欄春，又見容臺禮樂新。公退居十有餘年。居業久符金石壽，公考訂金石文字最詳。臨池宛逼褚虞真。冰銜不獨同三品，嘉慶丁卯賜三品卿銜，重宴鹿鳴，晉二品銜。蕊榜群推第一人。海内科名無有在公前者。點筆桃源經睿賞，前身合是葛天民。

過黄靖南侯墓

猿鶴蟲沙跡杳冥，湯湯淮水泣英靈。龍潭夜雨圍初合，燕子春燈夢未醒。血戰志酬真國士，土崩力盡小朝廷。梅花嶺接中江路，共寫丹忱照汗青。

洪起凡歸自豫章贈箋紙並示詩集賦答　二首之一

聞君好句戛絲桐，漫學昌黎欲送窮。千里悔嘗雞肋味，一帆歸借馬當風。夢回傑閣尋仙蝶，花滿芳洲認雪鴻。老我青氈横白練，傾樽爲吐氣如虹。

閒居感興　十二首之一

倦鳥棲林振羽遲，雞蟲得失復何疑。居鄰老柏形都静，佩有寒蟬識亦奇。賀虛齋舊贈以玉蟬，常佩之。花放倩沽千日釀，客來勸減一分癡。誰將心迹隨明月，寄語冰廳石闕知。

贈嚴半愚明府

高齋勝蹟任躋攀，樓閣蒼茫積翠閒。一夜潮通吳苑雨，半溪雲擁謝家山。金觴映竹迷芳浦，繡羽銜烟繞碧鬟。寒食風光連上巳，花開稍喜訟庭閒。

七夕立秋步鮑覺生原韻 四首之一

纖羅斜曳彩雯輕，耿耿明輝帶水横。白帝臨晨桐葉報，黄姑問渡鵲橋迎。千年别緒迷銀漢，一夕秋情滿鳳城。靈匹佳期關底事，霜華偏向鏡中生。

三、四初唐人律句，興象古峭。

洗硯圖爲楚帆叔題

廿年書劍走風塵，蓮葉還儲席上珍。臨水漸消青鬢影，於今始識墨磨人。

游仙詩

跨鶴乘風最上頭，月華西畔碧雲流。廣寒宫裏花千樹，不似人間落葉秋。

臨清道中口占寄鴻謨

桃花水泛布帆輕，攲枕連宵夢不成。暫破愁懷風雨裏，榜歌聲和讀書聲。

即事

漠漠寒烟護錦城，嵐光青壓雨痕平。春陰解助林花潤，只放山腰一半晴。

過南塘

山光濃碧映花光，坐愛亭前風露香。指點村童橫牧笛，擺塘西去是南塘。

胡小東見懷酬之

故人珥筆日華東，咳唾都生珠玉風。碧海青天雲渺渺，肯傳問訊到山翁。

放　舟

日斜風定放舟行，忽睹幽居動客情。千尺澄潭萬株柳，蓼花叢裏轆轤聲。

附摘句：新安雜詩：『飽謝大馮三斛米，暗攤小阮一牀書。』題張右生集：『閑雲静抱爲霖勢，流水清涵不競心。』

吴登四首

吴登 字歆于，鏐弟。乾隆間諸生。有荷汀詩鈔。

秋閨詞

八月涼風動帷幙，蘭閨一夜羅衣薄。攲枕時聞蟋蟀鳴，開簾又見芙蓉落。芙蓉花落野塘秋，水碧烟寒望遠洲。郎馬只今何處去，斜暉脈脈使人愁。

長歌行

朗朗天上月，乍圓還乍缺。忽忽眼中人，時生亦時滅。朝見顔如花，暮見頭如雪。如花得人憐，如雪令人惜。如花不歌嘯，如雪徒嗚咽。滿目穠華一片飛，金尊何惜醉春暉。珍珠換盡東南豔，簫板齊歌金縷衣。

飛卿集中最勝之作。

閨夜

繡户迷香靄，紗窗落素暉。層層花影人，渺渺漏聲微。蛾拂銀缸去，鴻從玉壘歸。相思那可極，化作斷雲飛。

乞淡泉芭蕉

每看窗外曈曈日，便憶翩翩漾緑時。聞得君家青萬卷，可能帶雨荷鋤移。

吴向晨一首

吴向晨 字暘賓，乾隆間諸生，有蘭雪詩鈔。

擬古塞下曲

匹馬過關西，風沙雜鼓鼙。朝爲遊俠子，暮作隴頭兒。塞月盈還缺，明星高復低。樓蘭莫問姓，鬚與□□齊。

邊風九月高，吹人聲怒號。驅車過隴曲，走馬向臨洮。舊買七星劍，新磨五尺刀。提攜思報國，羞作五陵豪。

吴逢盛十首

吴逢盛　字紉甫，號絅莽，嘉慶辛酉舉人，有絅莽遺稿。吴氏家傳：『先生幼私淑其族祖井遷先生，義理之學，甫冠訓蒙。樅陽王悔生見所作奇之，攜見海峰先生。海峰時已病亟，歎賞收之門下，命子孫師事之。其後課海峰孫數年。既壯，益刻厲讀書，五試春官不第，南歸，遂以著述爲事。歲授生徒四五十人，善啟發，咸欽服之。所著有三禮考異六卷，詩文稿不自收拾，多散佚。爲人温然，不見圭角，見者無不敬服。每於社約，講論正心修身齊家之道。殁後，里中皆念其品德焉。』

遊九華

巨靈闢洪濛，奇怪自天騁。擢地開雲霞，峰峰凌倒景。云是古蓮華，擘之自玉井。振策恣幽尋，怵此非人境。攀崖忌宿懦，涉險趁新猛。陽烏閟晨輝，陰蟾滯宵影。迤邐上層霄，岩嶤卑鷺嶺。東巖敞谽谺，騰挪堆石廩。洞壑繚以深，徘徊思故隱。絶壁對千尋，橫空排玉笋。或赤如丹砂，或斑如古錦。雲峰偶下窺，詭偉復深靚。九九俗人傳，誰識妙千品。天柱與齊雲，象外標清迥。我來值晴明，雲海鋪千頃。變幻渺須臾，紛紜出蛟蜃。髣髴黄山中，林巒穿溟涬。飛瀑濺分流，巖樹逼清冷。回溪響崩奔，倚聽神逾静。華池瑩心神，汲取持修綆。憩石灑塵襟，山僧出新茗。東望大江波，萬古流何永。笑彼百年身，浮蹤如斷梗。摩挲壁間詠，緬懷心耿耿。勳業洎文章，空與丹青炳。再拜乞山靈，千秋爲管領。信宿辭烟嵐，行行尚回軫。何時駐陽阿，晞髮從清屏。誰歟促征裝，紆鬱未能整。

吴淞署齋爲人題照

天高無纖雲，池面看如鏡。鼻觀夜微參，奇香發幽敻。有客坐桐陰，凝思碧空净。心跡妙雙清，生得蓮花性。花亦爲君開，窈窕明妝靚。手擕白羽輕，或言顧榮贈。本是蓮花枝，琅玕青玉柄。君詩有净因，吐辭超競病。蚤歲甘遺榮，言傲南岡詠。清芬載細柳，時至終華盛。惟有孤懷明，皎月中天映。

石鼓歌效昌黎體

軒頡以還有鐘鼎，未以文字鐫詩歌。自周紀功始勒石，世遠剝落當奈何。在昔鼓鐘豐邑盛，嗣武耆定稱止戈。懿彼公旦輔成后，岐陽之搜功孰磨。厥後宣王繼其烈，大會列辟齊搜羅。作歌紀功更勒石，十鼓競列高巍峩。講武昭文權在握，無使顛倒持太阿。陵谷幾更及兵燹，此物信有神禁呵。車攻馬同合周雅，參之浴狩誠無訛。作者史籀本工篆，變篆亦復殊隸蝌。名鼓不藉桐鱼擊，非蕢非晉非靈鼉。駿龍服鳳勢駢集，玉蕤金薤紛攢柯。史有斷文不可辨，日消月蝕驚飛梭。文存四百六十五，披讀蹇澀難委蛇。奇古直欲追夏鼎，不數秦相甯曹娥。慨自東遷日陵替，武人東征悲滂沱。中興事業誰當識？齊晉摟伐非共和。巡狩不舉輶軒息，陳詩往例今殊科。至聖網羅雖大備，遺文放失當亦多。山阿水澨等瓦礫，豈必荆棘生銅駝。向令嗣世踵前烈，此鼓在學人争過。潤色鴻業恣討探，雲興雨集群磨磋。豈至流播復轉徙，陳倉幽薊隨漂波。韓公淹雅貫六籍，卓識不下陂易頗。定以宣製齊二雅，躋之常武議靡他。豈以丙申繫周魏，猥與衆議同闒婀。作歌直軼淮碑上，如古彝鼎同挼挲。方今聖論斷群惑，豐碑揭此資群哦。新刻鴻製昭雲漢，舊鼓廡下排銀鵝。豈止宣猷與滸水，直追清廟攀倚那。筆削游夏洵莫贊，願比荀卿及孟軻。經天振古光日月，行地不竭逾江河。石經更邁鴻都蹟，從此復古無蹉跎。

贈常州周伯恬學博兼以送別

小知不及大知，小年不及大年。莊生自著逍遥篇，鯤鵬九萬侈遊息。大椿朝菌相殊懸，如何忽作齊物論。彭殤一視誇炎炎，此皆寓言非典實。要足破腐開拘牽，吾儒履實亦高曠，杯酒棋局評中天。堯舜事業浮雲過，更覺希遐難言詮。此皆彈指視元會，何論三萬餘六千。

側聞宣聖貴聞道，顔夭居陋獨稱賢。造次顛沛足千古，道遠莫致煩仔肩。豈以生同幻泡影，而不策後争先鞭。周君史才兼學識，小邑誌乘勞親編。年餘屈試如椽筆，更作達觀超象先。浮漚宰相及耆舊，周有『宰相世家耆舊傳，山林朝籍等浮漚』之句。此語淡蕩殊堪傳。今者九月旬有七，行年五十棲寒氈。不作蘭陵作鄭虔，是歲周選教諭。同人折簡開華筵。歡呼汗漫躋巖巔，嚴徐東馬互輝映。張公子興逾張顛，朱陸異同亦拘席。方山射雀西山前，車武有囊堪照夜。吾家季子兄弟俱聯翩，以上指時在會諸人。我持白眼獨不與。余時病眼不及知。寂處無聞車馬喧，自憐貧病復衰朽。長君半倍空硯穿，晨夕過從資搜討。何須越陌與度阡，高歌不憚鬼神忌。餘生永可相周旋，誰令歲暮白日促，棄我歸去無少延。北風獵獵翻行旆，水深雪棼愁憂煎。金錯明月頻贈我，玉案莫報空拳拳。丈夫四海如連廛，亦莫傷離涕泗漣。景光自愛隨餐眠，令德須崇誓益堅。漆園遺世不足學，隨時自待來三鱣。

吴淞署齋雪中與勗園明府飲懷芥生孝廉

紙帳凍生白，空庭雪已深。言傾玉壺酒，相對梅花林。客有郢中曲，君方吴會吟。扁舟隔江水，誰證歲寒心。

和昜園明府夏日署齋即景

官閣似幽棲，閒庭草復齊。遍開香菡萏，絶勝瀼東西。睡美常抛卷，詩成却命題。人家烟水外，恰聽午時雞。

道是蓮花幕，慚非玉笋班。隔簾窺緑篠，憑檻俯幽潺。意氣聯今雨，風烟渺故山。扁舟無羽翼，何日叩柴關。

早春與王悔生學博朱芥生孝廉吴長卿茂才積翠軒小集

江鄉梅柳報春還，極目遥天積翠環。舊雨十年驚漸老，新詩七子賦應嫺。潛鱗會待舒輕浪，拊翼安能守故山？更向吾宗識英物，年來虎豹欲成斑。

吴淞署元日喜晴

曈曨曙色起扶桑，臘雪潛融獻歲芳。晴擁卿雲書太史，暖隨蕙草入青陽。千艘旗動明前浦，萬雉樓高接大荒。更有重階風景異，名花早見日中黄。

詠耕者

二分粳稻三分秫，十畝田場五畝萊。莫道野人生事拙，柴桑千古足追陪。

吴雲驤十六首

吴雲驤　字昭棣，號岳青，道光初元以諸生薦舉孝廉方正，有岳青詩鈔。韓文綺序曰：『余同年友吴種芝吏部有子三人，咸以文行世其家。春麓、星槎先後成進士，岳青亦舉制科。今岳青弟子富海颿方伯，以其師詩稿見示，大抵抒寫性靈，吐茹風雅，不爲苟作。桐城山水炳靈，人文輩出。方望溪講八家之學，爲海内所宗。稍後劉海峰如驂之靳，近則姬傳太史最爲老師。岳青少承家學，習聞鄉先生緒論，砥礪志行，篤學不倦，宜所成就卓卓如是也。』姚石甫序曰：『徵君天懷坦蕩，皎若冰雪，蘊精於中，内行淳潔。故其發於言，見於詩文者，一皆如量而出，殆古所云天然去雕飾也。』張際亮曰：『徵君詩抒懷肫摯，託興超遠，氣格既醇，才思不乏，蓋能私淑鄉學，包羅衆有。』馬元伯曰：『岳青詩以和平莊雅之音，寫沈摯清純之思，自能融鑄三唐，别樹一幟。』

詠史 八首之二

張湯斷鼠獄，兒戲已如此。苛刻舞漢文，自安利人死。位雖列公卿，牧乃刀筆耳。悖出亦悖入，恢恢自天理。至死無悔心，殺臣三長史。

班超一投筆，立功三十年。少壯入虎穴，白頭猶在邊。上書乞歸國，不敢望酒泉。玉門既生入，此身方保全。哀哉矍鑠翁，捐軀徒惘然。

贈胡澹泉

澹泉先生行踽踽，白髮蒼然貌奇古。一生詩酒陶性情，愛收名山入畫譜。屈指歲及古稀年，耄耋期頤將可數。由來曠達任天真，懶向人前説甘苦。憶先君與先生交，花月登堂對揮塵。論文遠法韓潮州，評詩惟傾庾開府。時我髫齡不解聽，喜講靈□畫鐘鼓。即今剪燭對先生，背燭思親淚如雨。讀書不能取公卿，即應還家樂園圃。安能不貴復不賤，日事朱門隨傴僂。先生大隱桐溪閒，一室翛然仍環堵。牀上奇書錦繡堆，窗間緑字烟雲補。始知奇士不終窮，百斛明珠胸臆吐。家兄昨至紫陽山，尚有新詩寄巢父。

峩嵋松歌

自注：峩嵋山有松長不經寸，而勁節挺然。己卯冬，仲兄尹定遠於家書中封寄五株，予以盆貯水，撮土置石，植松其間。水石滋潤，青葱蔚茂，乃作歌

峩嵋山色從天來，春風吹墮青莓苔。矮松摩頂不滿寸，矯矯出自蒼龍胎。昨日鴻飛定遠邑，一紙遥緘五翠粒。嘉植那用丸泥封，開緘忽對蒼髯公。我對此松思我兄，我兄遠隔天

之東。雁行聚散轉無定，數株羅列常蔥蘢。手握雲根弄清水，微物能經數千里。丘壑雖小能容身，託根不染纖埃塵。君不見古柏參天二千尺，錯節盤根踞孤石。庸工不識棟梁材，昂藏自負終何益。此松質小頗殊衆，席上唯留作清供。百年喬木多高柯，大才難用將若何？

岳青嘗以此松示余，亦同作一首。後余遊華山，山頂有小松正與此同，余亦植置盆盎中，蔥倩可愛。蓋此松生於最高山頂，雲霧培壅，雖取乾經時月而不枯，得水仍活，亦可尚異也。

泊舟　二首之一

習習風初静，江干欲暮天。人喧檣近岸，日落樹生烟。遠火隨星出，孤雲抱嶺眠。今宵明月朗，好傍月多邊。

石甫云『遠火』句，唐人畫不出。

贈方竹吾　二首之一

相見一攜手，感君意氣多。圓亭得佳主，杯酌任高歌。歷落寒梅樹，青蔥修竹柯。年年若歸雁，一別一春過。

朱芥生評：『似韋左司。』

酬丁虎臣

寂寞天涯一紙書，故人書至轉愁予。三秋奮筆同題柱，两地勞薪暫息車。若問歸期重九後，願言握手杏花初。鑾鄉風景何堪戀，肯使高堂日倚閭。

酬姚石甫

七千里外嗟行役，十八灘頭遠泝遊。幸有好山連嶺嶠，那堪歸夢逐江流。沿溪野竹窺青舫，夾岸寒沙起白鷗。人到梅關剛五月，一聞羌笛更生愁。

清轉似涪翁。

張逸巢村雪一枝圖

生平性僻耽山水，欲構茅檐遍種花。踏雪自沽村市酒，看梅先至野人家。門無雜客尋蹤至，坐看奇書閲歲華。十載龍眠曾入夢，披圖此日興彌賒。

竹仗 集字

君占東南材美名，一生心跡喜雙清。龍頭入手緣多節，鳳尾捎雲舊有聲。解識春風能作馬，閒沽濁酒又聽鶯。竹林萬箇青分影，送客亭亭待月明。

走馬燈 新年雜詠十八首之一

往來飛騎任縱横，一紙傳燈分外明。八駿追風知火速，五花散影覺身輕。回環紅焰原無跡，蹀躞霜蹄若有聲。終夜銜枚看捷足，檐前鐵驅漫争鳴。

與南青先生作，同其儁逸。

慧照庵同友賞桃花　四首之一

把琖醉花前，人醉花如睡。醉眼睇花枝，花欲因風避。

楊妃芍藥

四月天街細雨霏，賣花聲裏喚楊妃。從來國色留芳遠，那有人呼金帶圍。

六蓬船

一帆斜映夕陽邊，款款迎風挂碧天。恰似白雲低接水，無人知是六篷船。

檢閱執吾兄未完遺畫

零落丹青百卉腓，兒童檢點淚頻揮。可憐三月花如錦，未著緋時只白衣。

即物悵觸，情詞斐然。

送別馬元伯之清江浦

愛看新緑勝看花，一樹庭陰屬两家。盼得春來君又去，懷人先對月初斜。

吴　炳二首

吴　炳　字階平，嘉慶間國學生。

新燕

草滿平原敞畫軒，烏衣歲歲笑王孫。湘簾掠日翻新影，文杏安巢上舊痕。碧染輕翎垂柳岸，紅粘小喙落花村。呢喃似訴鄉關意，烟水春深自海門。

游憩園

近水依山石徑斜，竹籬茅舍野人家。但看濃緑千章木，無復春殘問落花。

吴廷輝九首

吴廷輝　字效陳，嘉慶間諸生。

秋日懷吴八待揆

梧桐葉已疏，蕭蕭池邊影，寒風響空林，落日瘦山嶺。泉鳴亂石間，雨過巉巖冷。感兹對牀人，彌覺中宵永。

時余館玉屏山麓。

謝方道衡惠墨

二月來龍眠，春風吹滿面。偶於曲巷中，買得會星硯。側視形雖橢，研磨頗精善。池陽有賈客，松烟工搗鍊。售我墨一匣，差比連城賤。曹家數千杵，於今會幾見。不知子所遺，來自何鄉縣？松窗偶潑發，滿眼漆光炫。愧我非右軍，臨池空起羨。

酬代揆

寒菊秀可餐，寒松青可掬。回視桃李花，率爾滿山谷。雷公震天鼓，淫蛙悉所伏。噓之爲玄雲，彌亙千萬幅。我學苦無成，駔儈計欲速。有如眾富兒，惟知啖魚肉。又如俳優人，外著冠與服。嫫母肖西施，風流安可續。惟當對君詩，不厭百回讀。

謝陳浩然惠芡實

愧乏瓊瑤贈，何當報明月。愛之等菰米，香飯調石髮。野人收湖目，秋蟬驚已歇。日暮握歸來，呼僮脱泥韈。薏苡無嫌猜，豆蔻隔秦越。鴻鶴羨君歸，枯龜憐病骨。倩女爲烹煎，清香繞鼻發。交遊如流水，挹注自不竭。

偶成

課讀無朝夕，相期有弟兄。酒多緣菜少，天冷覺衣輕。動筆龍蛇見，懷人風雨情。水仙無俗韻，聊與爾同盟。

失題

殿古蟲聲急，山深客路窮。味單憎惡食，體薄怯微風。莊論留盤鑒，淫詞付祝融。我來溪柳緑，今又夕陽紅。

歲暮有感

停停茁茁幾時閒，偷得閒來不自閒。維婁繫馬曰維，繫牛曰婁。無聊思傷剬，魯仲連傷而不剬，藺相如剬而不傷。郲婁未辨鮮憂患。晴呼陰逐情非似，績暗歌明化復還。白旂懶婦所化，其脂照歌舞則明，照紡績則暗。三夕由來重三始，白頭且自對青山。

懷方樹穀

風雨長檠幾笑狂，連年梧杓瀉鵝黄。人欽温潤孚朝彩，玉名。材重隋和擬夜光。子敬畫牛原有誤，草書每不合法。桓伊弄笛亦何妨。秦淮夜棹君思否？六十公孫尚倔强。

漫興

任昉當年戲庾郎，貧猶二十七鮭嘗。争知此日藜蒿客，捧腹空眠夢蝶牀。

吴士鼐十一首

吴士鼐 字待揆，號薌泉，嘉慶間諸生，有尚友齋詩草。

寄懷宗弟銘新

平生多友朋，相知獨數君。嘗讀管鮑傳，後世何無聞。後世交日薄，勢利爲合分。我有一片石，堅厚樸無文。置之庭階間，往往霨青雲。有時作霖雨，澤下更無垠。子心固如此，嗟嗟誰與群？

種菜

種菜南畝中，田肥菜亦好。豈惟澆灌勤，亦宜除惡草。譬如用君子，群小須先討。吾宗季子賢，於此理深造。種瓜識瓜性，種豆成豆早。好雨一犁來，菜香不可掃。紫茄花幽幽，瓜豆看顛倒。朝采常盈筐，暮采復盈抱。飽食日高眠，衰脾無煩惱。乃知養生資，不獨在秔稻。

張筆生讀書秋樹根圖

笑我與君同己丑，玉堂金馬兩無有。青山得意便高歌，白眼看人共杯酒。我家新買紫陽居，種得梧桐十尺餘。行將一榻秋風裏，不讀周秦以後書。

臥雲樓即事

百尺高樓上，雲開四面圍。泉聲和鳥語，花氣溼人衣。散髮歌風立，開樽待月歸。巖居殊可樂，不用下漁磯。

次家亮峰見懷元韻

側身天地似浮漚，何處行藏得自由？文有陸機方入洛，賦無王粲也依劉。三千年内神常往，七十峰頭夢與遊。回首平生饒樂事，爲君翻覺起離愁。

喜春麓叔過浮山謁先太史公墓

太史風流三百年，杖藜人説舊林泉。白雲漠漠浮天去，青鳥依依傍□□。不盡金針貽後輩，無窮寶樹種前贤。請看六六峰頭月，還向丹霄徹夜圓。

練　潭

山如螺髻水如藍，十里晴湖夕照酣。矖網人歸楊柳岸，板橋明月屋三三。

寄族姪廷樞　四首之一

六朝原自是吾家，司馬風流落日斜。我醉吟詩忘不得，瓦官寺裏石蘭花。

即景

一簾春雨半簾寒，芳草萋萋溼不乾。昨夜□□風乍暖，小桃紅上石欄杆。

夏日雨過即事

葛衣羽扇自生凉，雨過芭蕉葉倍長。閒坐小亭人不到，亂蟬聲裏藕花香。

紀夢

垂柳垂楊两岸斜，亂山環合有人家。十年舊夢清宵裏，满院春風富贵花。

吴孫織十三首

吴孫織 字士表，號桐凹，嘉慶間歲貢生，有桐凹詩鈔。

乳母篇

天地大生德，含者皆能慈。豈緊乳母心，而不念所私。棄我出腹子，抱哺他人兒。晨入夜深出，卬駏歡相隨。頗幸此身健，常視人兒肥。歸家見所生，含淚不能垂。厨薪甕有米，炊令兒餔糜。餔糜兒漸瘦，瘦亦姑聽之。兒母身有乳，兒父家無貲。以有易所無，人飽兒當飢。殊愧恩勤詠，誰知倍閔斯！

爾雅：『邛卬駏〔一〕虛負而走。』詩『邛駏』字用此，沈摰語，多血淚。

校記：〔一〕『卬駏』，爾雅『駏』作『岠』。

次劉艾堂再還居用白香山移家入新宅韻

我有卜宅志，買山竟無貲。老鶴啄蒼蘚，朝来恒苦飢。乃知去與住，冥冥自主司。不然彼鷙鳥，絛鏇胡爲羈？浪傳書有笥，常依燈在帷。偶成夏屋歎，誰共春臺熙。我友昔移宅，宅好誇以詩。緇衣未云敝，偏能自改爲。移家得新詠，令我悠然思。奚當塈卽目，想見常舒眉。康子有佳婦，仲弓仍好兒。何如香山叟，但弄羅與龜。藩籬去無限，風月來無期。江天恣吟眺，此意應誰知？我欲趨畏壘，從而社稷之。緑楊千樹底，明月一杯時。

擬昌黎石鼓歌即用其韻

周書既逸歸嘉禾，周詩亦闕岐陽歌。不有後賢嗜奇博，淪湮擲棄將如何。傳稱周厲始革典，宣承其烈爰干戈。東都諸侯若鱗萃，苐爲圭卣功難磨。大小二雅試披諷，鏗訇金石紛騈羅。如何獵碣大製作，十鼓篆刻森巍峩。歷祀千餘歷代八，更無人問山之阿。遂令小儒不經見，見之仍事譏與呵。倘令更復歷年歲，豈止點畫偏旁訛。六經幸自孔壁出，當時無人知古蝌。況此年深更剝蝕，魚蝦瀺灂迷靈鼉。我今喜見史籀跡，爲披亂葉尋交柯。汧澫鰅鮊游躈躈，想見織水如風梭。勍裝古服世罕覯，笄珈空爾矜佗佗。禹王神碑立岣嶁，璇宮夜静謳皇娥。真膺同爲上古物，誰尋江漢遺潛沱。大唐聖人媲周德，政清人用因之和。明經進士出身夥，英英髦俊皆殊科。文章經訓果孰貴，酸醎嗜好應誰多。張生示我好紙本，古癖校我誠爲過。不似世人少所見，以腫背馬名駱駝。我欲與生細講解，如骨受切象受磋。安章端合宅爾句，討源先爲沿其波。皇極敷言訓行是，陂義何遽優於頗。願生汲古搜奇異，因此更及於其他。業精以勤斷在獨，不決終是隨人娶。嶧山會稽自贊頌，既焚既踣誰摩抄？其言直可以人廢，不須常作朝昏哦。家雞野鶩從所愛，羲之自有山陰鵝。商頌十二五篇在，至今虔誦猗與那。嗟我六年枉西顧，博士非博徒轗軻。綆修奚憚百尺井，壽在仍俟將清河。原知此日足可惜，庶幾與子無蹉跎。

寒知閣 四首之二 閣爲左忠毅公讀書處

見説寒知閣，貞臣去不還。白雲仍翠壁，明月自柴關。親老容生訣，君恩待死頒。從知毅魂魄，無復念家山。

見説寒知閣，人宜勒鼎鐘。『鐘鼎名門』，前明詔書中語也。一材扶大廈，百卉死嚴冬。諫疏鵑喉血，衣冠馬鬣封。公血衣裳葬松鶴莽。惟餘千仞概，雲表卓奇峰。

過錢大館所

藩籬一徑旋，高柳數村連。又覺過從慣，多君勝地偏。江聲來枕上，山色在門前。況與主人識，莫愁沽酒錢。

次艾堂六十述懷韻

更生風節老逾堅，却憶相知自少年。鴻寶枕中探祕妙，青藜閣上見神仙。卞和虛有連城玉，蘇季原無附郭田。猶喜著書堪壽世，不勞斟雉學爲籛。

遊銅陵諸山留別盛君軼群

驪歌應唱醉言歸，愛客還稱露未晞。我老自甘爲馬走，人生那不似鴻飛。蒼苔怪石憐芒屩，山翠雲光在布衣。贏得林巒初識面，幾時重與挹清輝。

冬日憶薌泉弟卽用其見贈之韻 二首之一

四海交遊説比鄰，阿誰曾似弟兄親。別來動覺如三歲，老至相憐此二人。貧病不兼知汝學，疏狂奚獨見吾真。讀書有樂尋應得，笑對梅枝數點春。

九日同諸君遊白雲巖本名青華巖信宿函雲洞　六首之一

長風款款拂衣來，搔首俄驚兩鬢摧。有酒不如陶令醉，能文誰是孟嘉才。漁磯坐愛方塘水，鶴跡行披古磴苔。等是昔人行樂處，君看荒塚在蒿萊。

族祖函雲公葬山麓，漁塘、鶴篆皆其遊蹤。

宿安園

池邊竹石叢叢立，院外房櫳宛宛通。第一江城爲客夜，天風吹響落梧桐。

題畫送趙生歸晉

黄塵赤日子言歸，消夏吾將拭石磯。想到汾河秋事早，素波生處白雲飛。

龍眠山水爾曾諳，羅帶青縈碧玉篸。相憶未妨聊展玩，雲峰疊處是江南。

吴孫珽二十九首

吴孫珽　字子方，一字伯搢，國子監生，著有不知不愠齋詩文鈔。姚石甫序遺集曰：『子方久居京師，時方競言考證。君能辨其非而欲從事於身心性命，庶幾古所謂志士矣。使天假以年，得盡其功力，所成就當未可量。子方通六書，作字多用古法，尤善狂草。交章雋曠，遠出塵俗，所作頗放佚。今存詩賦雜文若干篇，余編彙爲四卷。』劉孟塗贈序曰：『志欲希古，學能研深，好善不倦，接物以誠，此子方之長也。』

贈張二阮林

清水豈無色，至人豈無名。當其越流俗，瞻視世所驚。卓犖不自異，能使白眼青。因雲能灑潤，依蘭亦懷馨。臭味敢差池，豁然忘其形。醴泉故源出，嘉禾舊根生。俱爲不等閒，惜世無論衡。

陰雨

陰雨倏已霽，晴雲映夕曛。碧羅翳古松，竹陰生微寒。散步石澗西，頫首見游鱗。清泉響愈静，旋流蕩遺塵。我亦能超物，觸境情良殷。徘徊月初上，且邀共清尊。

江舟阻風追述中途之所聞見以寄慨

中路由新河，居民盡營窟。緜緜千里道，水患無時歇。萬頃不可耕，波濤常汩汩。恐觸天河傾，將使地軸裂。浮槎相撐揹，巖岸崒如割。登危友麇鹿，炊烟未肯絶。朱棺伐作薪，皓月冷枯骨。借問誰氏子，遘毒何太烈！我聞心慘傷，未見淚已熱。安得障洪水，墟墓永不決。家君客江漢，瘞骨千家凸。千金一揮盡，行李徒蕭瑟。小子慚未能，趨庭敢自逸。輕舟既入淮，愁慘不可述。家家鬻兒女，哭聲震千室。兒啼牽母衣，女悲繞父膝。太息水無情，骨肉忍相失。神堯方咨嗟，匡佐賴良弼。捍患奠民居，膏澤沛萬物。

憶昔

憶昔春明時，走馬長安道。素絲染紅塵，繁飾燿華藻。賓從如雲龍，金鞍跨騕褭。清晨出郭門，郊外踏芳草。夾道細柳垂，斷谷清溪繞。遥遥山寺中，烟樹何縹緲。入門鳥自啼，落花人未掃。此地少人行，疑是春獨早。石磴坐二僧，髮蒼知已老。烹茶對客飲，高論聞者少。驅馬復歸來，臨空月已曉。

周孝侯

入山虎無威，拔劍斫虎頭。入水蛟不怒，斷蛟水底游。一身捍大患，畏死非周侯。周侯仁且勇，盛氣陵九州。誓欲平海宇，爲君除國憂。挺身立奇節，細行豈爲尤。不觀滄溟深，含污匯眾流。

狂士吟

海隅一狂士，韋布傲王侯。寶劍鳴篋中，寒芒射斗牛。橐筆行萬里，勝迹山川留。攜手偕我友，賦詩登高樓。酒酣吹玉笛，良辰美遨遊。幽蘭偃空谷，芳臭含清秋。駿足苦羈勒，錟瓌炫道周。不平難自鳴，天地空悠悠。安得傾東海，一洗萬古愁？

六君吟

天下有石父，奇況世鮮同。飛泉下絶壁，俯瞰萬仞峰。巨石投水中，石碎與水融。濯足滑欲墜，鬼神掖其躬。觀者驚破膽，暇氣猶沖容。歸來贈我詩，抗懷萬夫雄。感君勗我意，古直追黄農。酣歌會京洛，釋褐企登庸。天子命宰邑，會瞻士元風。

小阮亦曠達，總角好嬉遊。謂予爲海鶴，自詡郊鳳儔。文明焕奇采，潔朗足與侔。整翮思聯騫，凡鳥難相求。我亦一狂士，儻蕩多諐尤。獨子知我深，英覽何以酬。丈夫不得意，散髮惟吟謳。何時同矯翼，無爲燕雀羞。

明東江海士，老氣何縱横。豪邁聞天下，落筆風雨驚。先達爲之前，盛美世所榮。新詩索我書，一字如長城。與君一相識，肝膽可共傾。所見天下士，獨君與我清。

清狂到左子，吾儕誰與倫？無客亦倒屣，有詩能安貧。兵書百回讀，觀史怒目瞋。壯懷欲報國，矯矯作虎臣。君家有喆兄，志趣異恒人。與君二難并，儒冠莫誤身。

律原獨深静，置身如閒雲。登山必躋巔，涉水不畏寒。高秋常醉月，竟夜或不眠。閉户有述作，經術夙所敦。耽儒復好道，玄眇默能詮。君身有仙骨，澹然全其真。

應事不以形，方子殊通敏。高談四座驚，豪飲百壺盡。細行或不矜，磊落無僻隱。請纓未逮成，作詩寫幽藴。高蹤希曩哲，後來接轘軫。天下豈無才，見子獨恨晚。

聲　華

細流亦有聲，野草亦含華。聲華不足貴，何用相矜誇。我聞醴泉水，清澈無纖沙。又聞御苑花，燦若赤城霞。泉以調文露，花以媲昭華。二者試相較，何止百倍過。取舍不自審，後來空咨嗟。

家大人昨出放翁感懷歲暮感懷諸詩並答劉主簿書示男珽諄諄之誨所不敢忘敬誌以詩

世儒守孤陋，末俗徒紛紛。畦畛何自狹，門户由此分。放翁有感懷，慷慨言具陳。憶昔哲宗朝，俗佞實有人。史漢屏勿讀，寡學玷成均。自非博通儒，焉能振斯文。紫陽雖云逝，鹿洞語可聞。整冠侍老父，肅若對嚴君。百川學至海，浩蕩浮乾坤。日月看出没，江河共吐吞。細流有不擇，王谷成其尊。源委那可紊，制行貴篤純。博以反諸約，豈徒事典墳。報國重文章，浮華取以焚。承先復啟後，教養豈易論。枝葉有時盛，本根在所敦。誓言希賢哲，稟命終吾身。

戒童子捉蛬

泠泠天外風，皎皎窗間月。造物無盡藏，取用那能竭。丈夫攄懷抱，九垓同一室。花鳥各媚人，生趣自洋溢。置之罌與笯，天機自我窒。蟋蟀雖微物，秋唫時弗失。載歌於唐風，勤儉堪紀述。童孺亦何愚，夜捕猶折壓。豈知天地寬，鳴聲匪私屬。萬物同一源，生成本無闕。寄言佻達子，無爲空求索。

寄懷鮑覺生先生

冬藏萬物静，夜寒獨予興。所思惟哲人，迢遞隔燕京。光風不可接，道合憐水冰。曠觀燭妙理，清晨步林坰。松下激勁風，聲響亦何清。雲中濯白鶴，不向寒池鳴。秉心在高潔，無慮亦無營。丈夫貴不朽，實茂聲蜚英。千載各有立，秩秩隆德音。

惜名

愛名與惜名，雲泥相隔異。愛名爲人知，惜名只自勵。人生一世閒，何者永不敝？百行胥未修，自顧良多愧。君子貴闇然，榮名非所冀。胡爲疾無稱，翻爲没世計？胡爲怵無聞，難企後生畏？名者實之賓，實墮名乃替。所以有心人，兢惕此爲轂。灼灼木槿榮，采采蜉蝣麗。虚美不可常，取舍毋遺悔。

戒傲詩

狂者常似傲，傲豈狂者徒。涉世尠真狂，毋從傲者游。狂特師古人，傲懷五世羞。大哉葴論志，嵇阮何堪儔。愛古不薄今，李杜終好仇。詎見與俗忤，轗壈生怨尤。男兒貴自立，何者足千秋。作詩自相問，黽勉以清修。

石上松

龍山之灣有大石，蒼翠尌岃蟠長松。松根入石石欲裂，松鱗挾雨騰蛟龍。松影翳日雲插岫，松聲在天潮捲風。大地無垠，載岳鎮海。何獨委此松於石，亦竟崛岉乎蒼穹。

短歌行

家君未老頭已白，今我及壯髮竟落。丈夫卓立天地間，自顧形容何蕭索。獨不見子房綽約若處子，誅秦定楚驚奇略。更不見昌黎作歌悲早衰，忠犯主怒甘鼎鑊。氣塞天地海可吞，豈恃形骸而後存。古人二萬八千歲，如今已死埋黄塵。

放歌行

朝霧濛濛水無岸，日光初出白雲斷。萬艘連舫如長虹，揚帆遠逝因風迅。巃沙大石水底鳴，又若雷聲出地奮。君不聞禹乘長風觸怒濤，呼叱神龍不敢近。又不聞范蠡扁舟入江湖，歗敖烟霞樂肥遯。古來英王與喆臣，功侔造化承天眷。雄風逸興俱絶倫，傳之竇策何輝燦。顧我短褐甘長吟，手捉一篇任討論。舟中無事冷且閒，夜來酣飲或至旦。乘興放歌千萬言，走筆疾書未能遍。丈夫拓落與俗乖，氣雄亦足陵萬仞。生不立功宇宙間，便當泉石酬宿願。欲憑風力送歸帆，玉宇高寒益睠戀。歌成意趣猶未終，野鶴横空過别澗。

舟至陽穀過族伯儆環先生官舍舍内菊百餘本其種各異華穠色艷實所罕覯撫玩既久一宿乃去因贈以詩

一官拓落隨風塵，吏事紛集時躬親。鬱鬱居次已無奈，茅屋更與貧士鄰。官舍由來近園圃，冷落人誰見真侶。可憐華鞠傲秋霜，霜冷香清艷争吐。先生清興世所無，意氣磊落好琴書。平生愛菊已成癖，探索豈獨在一隅。尋幽覓勝已無極，十年護之意未足。叢莖何止億萬千，各趁秋光逞佳色。忽若朝霞映水紅，又類積雪當窗空。紫衣黄裳舊襴襆，盡與春卉争天工。此花無言人更寂，坐對不覺動吟魄。先生樂此真不疲，烏龍羈之以官職。卑官不辭亦爲貧，往來不免塵中人。笑我明朝薊北去，提壺更買京華春。

折檻行

恨不手劍一斬佞臣頭，佞臣爲誰安昌侯。天子震怒不可回，免冠跣足伏地請死臣所羞。攀檻奮呼檻已折，天子旌直不肯修。吁嗟呼！佞臣未死氣已吞，朱公雖死今猶存。人生自古重氣節，立朝不欲銘私恩。

無支祁

黄河倒瀉從天來，洗盡凡塵横不改。古來英雄安在哉？惟見一千七百之川東到海。天長地久無盡時，此河萬劫恒如斯。滄海桑田迭相變，崑崙天柱不可移。天柱峙，黄河馳。巨靈擘華跡猶顯，夸父逐日力不罷。巨海可填亦可吞，蒼天可補雲可齊。黄河之水怒濤騰湧不可以治兮，世言淮水之濱龜山之虚有怪物。昔人呼作無支祁，千尋鐵鎖繫潭底。傳是神禹之所爲，涉波既殺水怒息。此物讋伏失憑依，前年大水決河北。樓臺蕩盡蟠蛟螭，萬馬馳突刀劍鳴。流水太急聲似之，銅龍石犀不可禦。詾譆衆口生猜疑，鯤鵬偃溟渤，降災自黔雷。安知非此物，竊出而娱嬉。此物不羽不毛不介飛走而水處，何怪神龍麟鳳不敢呰！狂瀾既倒回不得，水高翻覺天忽低，浮沉莫辨東與西。窮民逃死急難擇，登危猶似巢居時。我聞此言三歎息，承訛踵謬何争奇。神堯九載咨洚水，不聳惡物肆猖獗。韓公片言馴鱷暴，誠通異類伸明威。矧今聖德洽寰宙，薦牲沉玉歆神祇。鋸牙擗約水楗峙，辮竹糾茭月堤碕。明使能工稟方略，天人合應襄大猷。叶移。馮蠵切和降百福，捍禦彌固垂千祀。叶平聲。同精異物咸竄匿，鞭撻巨魚走長鬣。民莫既除宸衷洽，蚩氓漫詡傳異辭。我作此歌相警勸，千喙可息昭來兹。含和吐氣𠻳凱澤，欲使齊民老稚咸知鼓腹而遊熙。於戲聖皇子天下，億兆食德承光暉。赤墳白壤復故業，沃饒萬里安耕犂。

史督師

恨無八柱可擎天，氣壯山河獨浩然。外鎮四軍全撤備，中朝二豎只争權。孤忠莫望君能悟，異派還教祀可延。爲問杜鵑啼血處，梅花墓古樹緜芊。

秋聲

無邊蕭瑟竟成秋，古磧風烟變九州。幾處寒山驚雁過，一輪明月湧江流。丁年楚舞增宫怨，子夜吴吟起客愁。更上層樓開錦席，洞簫聽罷又箜篌。

哭姚惜抱先生

光風入座物皆春，浩渺江天又隔塵。碩望東南摧一老，斯文中外屬何人？太邱風軌瞻先路，永叔文章悟後身。千里書來成絶筆，不堪掩淚對霜旻。

紫陽省覲

行人不覺秋光老，白馬金鞍出綺闉。滿地野花猶賽夏，萬家垂柳欲藏春。紫陽忻遂趨庭願，白下難留射策身。此去幽燕途更遠，征鴻嘹唳聽來賓。

憶　蘭

看花吾亦愛吾廬，清到幽蘭水不如。若憶良宵人静後，一輪明月半牀書。

吴 璆一首

吴 璆 字少卿，中蘭子，未冠而卒。

秋 晚

倏忽秋將半，蹉跎日又昏。輕烟浮两岸，涼月上孤村。鴉雀方投樹，羊牛欲到門。砧聲聽更急，寄遠不堪論。

吴澤階四首

吴澤階 字履平，號磊坪，嘉庆間監生，有掌亭詩鈔。張勖園曰：『磊坪性伉爽，喜交游，豪於詩酒，少受業於陳策心。所爲詩格律雄健，造語新奇，同里王悔生、朱岑南皆稱之。』

雙溪寺

避雨入僧舍，蕭條屋數椽。猿馴能采藥，鶴老欲談禪。竹樹環琴榻，雲霞護洞鐫。徘徊逢晚霽，又唤渡頭船。

春遊

尋芳正值采蘭辰，稱體初裁白袷新。榆莢雨晴茅店午，棠梨花發墓田春。粼粼已漲湔裙水，脈脈難逢解珮人。莫向長堤折楊柳，東風留拂馬頭塵。

夜坐

深院寂無人，獨坐倚枯木。流螢入疏枝，照見棲鴉宿。

送人之金陵

江樹江雲望眼賒，舊遊曾記最繁華。東鄰絃管西鄰酒，愛住新廊第二家。

吴孫杭十首

吴孫杭 字夢芳，號勉塘，歲貢生，選靈璧縣訓導。

題人山居

人生各有志，憂樂不相如。名花滋雨後，好鳥愛晴初。鬱鬱川原秀，長廊夜月虚。疏星淡楊柳，清露濯芙蕖。以是爲長策，何妨半畝居。

春日小集代篤山人答都中諸子

意昔相見春光早，今日相看人易老。可憐鬚髮幾時更，三年遠隔長安道。長安年少多白眉，門前車馬日紛馳。伊人若問山中客，流水桃花無盡期。

送崔侍御歸里

江南三月花如綺，羡君生長鳴珂里。翰墨依然劉舍人，風流不減張公子。慓慓風生畫閣清，金屏玉柱日題名。珥貂衣向鸞台豔，列戟門邀鳳管生。江山到處堪欣遇，一去揚州五湖路。細雨梨花鐵甕城，香風蘭葉金陵渡。歸來風光耳目新，錦衣照耀入鄉鄰。世言丰采追前輩，今見卿才勝古人。

西平勖十三弟桀兼懷吴門十八弟梁

兄弟同爲客，高堂白髪新。艱難營菽水，定省缺昏晨。予亦懷歸者，空悲作鮮民。何時竹林下，共醉杏園春。

舟次儀徵過秋水庵

真州溪路狹，日色滿空林。忽叩柴關寂，遥知秋水深。鳥穿幽澗入，藤挂碧雲陰。不見支公返，空餘壁上琴。

古靈泉贈瑞上人

香刹遠塵氛，靈泉隔澗聞。峰寒上初日，松老曳殘雲。梵想蓮花淨，經飄貝葉紛。寶珠持戒滿，麋鹿爾爲群。

行過江浦

花落春山曙色寒，淡烟籠雨濕江干。鶯啼弱柳聲初滑，燕掠微波羽未乾。幾處行人吹玉笛，誰家思婦織冰紈？朝來愁緒驚如許，卜就金錢仔細看。

杏園閒居示稚童

先人忠厚夙傳家，紅杏夭桃茁嫩芽。舊澤一函餘幾卷，草堂無處不宜花。座中嵐翠波光遠，窗外書聲竹影斜。愧我箕裘學力薄，此心終古是天涯。

雙溪謁張文端公墓

雙溪相國愛雲林，別業應從畫裏尋。春草緑隨沙嶼轉，梅花香入竹籬深。平生早結烟霞契，此日空聞山水音。惆悵亭前風颯颯，白頭曾種萬松陰。

送十八弟之姑蘇

門前芳草送君行，門外桃花夾岸生。君去試看湖上雁，年年飛作一行鳴。

吴鰲六首

吴鰲　字龍海，號漪瀾，嘉慶間人，有愛吾盧詩鈔。章子卿曰：『漪瀾隱於工。其詩數十首，率攄性靈，頗饒逸趣。』

月夜聽人彈琴

山頭挂新月，竹裹聽鳴琴。獨坐一揮手，相知十載心。風生寒木脱，潮起大江深。曲罷默相對，何來空際音。

楊花

舉網吴江趁夕暉，江干新賣鱖魚肥。飄零眼底春將去，浪蕩天涯人未歸。隔斷一簾雲漠漠，拂殘雙袖雪霏霏，不知牆角誰家樹，如許花開到處飛。

促織

淺草籬根未有霜，一聲凄斷一聲長。似憐秋著梧桐老，欲寄衣催刀尺忙。月照空廊人獨立，雨過深院簟初凉。可知更有愁聽客，百折千回暗轉腸。

重遊西竺禪院

一别雲堂十二載，重來風景獨消魂。竹橋西畔斜陽裏，滿路槐花直到門。

白桃花

阿誰此地種奇葩，老眼茫茫認每差。忘却人家近寒食，夕陽牆角看梅花。

寫懷

晝日蕭閒無一事，事來我又醉中過。浮生不學林和靖，鶴子梅妻累較多。